Pedro Álvarez de Frutos - Dimitris Filippís

Venizelos, las dos Grecias y la España Liberal (1914-1923)

Pedro Álvarez de Frutos - Dimitris Filippís

Venizelos, las dos Grecias y la España Liberal (1914-1923)

Granada 2025
Centro de Estudios Bizantinos, Neogriegos y Chipriotas

Fuentes y Documentos

Directora

Mª José Osorio Pérez

Comité Científico

Ioannis K. Hassiotis, Carlos Martínez Carrasco,
Encarnación Motos Guirao, José Soto Chica

DATOS DE PUBLICACIÓN

Pedro Álvarez de Frutos - Dimitris Filippís: *Venizelos, las dos Grecias y la España Liberal (1914-1923)*

pp. 177

1. Historia contemporánea   2. Grecia   3. España

Primera edición: 2025
ISBN: 978-84-18948-49-7
Depósito legal: GR 359-2025

Maquetación: Jorge Lemus Pérez

Ilustración de la portada: Venizélos Eleuthérios [portrait du premier ministre grec assis lisant le journal] : [photographie de presse] / [Agence Rol] | Gallica (bnf.fr)> 2023.

Esta edición se ha realizado en el marco del Programa de Investigación n. 80240 "Relaciones históricas y culturales entre España y Grecia en el siglo XX" de la Facultad de Humanidades de la Universidad Abierta de Grecia (Hellenic Open University -HOU) y cuenta con la subvención de la Cuenta Especial de Investigación de la HOU. / Η παρούσα έκδοση πραγματοποιήθηκε στο πλαίσιο του Ερευνητικού Προγράμματος αρ. 80240 "Ιστορικές και πολιτισμικές συνδέσεις Ισπανίας-Ελλάδας στον 20ο αιώνα" της Σχολής Ανθρωπιστικών Επιστημών του Ελληνικού Ανοικτού Πανεπιστημίου (ΕΑΠ) και επιχορηγήθηκε από τον ΕΛΚΕ-ΕΑΠ.

Οδύσσεια δευτέρα και μεγάλη,
της πρώτης μείζων ίσως. Αλλά φευ
άνευ Ομήρου, άνευ εξαμέτρων.

Odisea segunda y grande,
quizás mayor que la primera. Pero ¡ay!
sin Homero, sin hexámetros.

(K.P. Kavafis, Δευτέρα Οδύσσεια /
Segunda Odisea, *Antología bilingüe.* Edición, introducción y notas de Sonia Ilínskaia. Traducción
del griego de Alfonso Silván. Biblioteca de Autores Clásicos Neogriegos No 4. Centro de Estudios
Bizantinos, Neogriegos y Chipriotas. Granada 2012, p. 364-365).

"Venizelos, el representante más destacado de la burguesía, de-
mostrará gran moderación a la hora de proseguir con la reforma
política y social (…). Con la Constitución del 1911 Venizelos
consiguió crear por primera vez un *estado de derecho.* Aquí está
la sustancia de su obra, así que a pesar de las continuas guerras,
el periodo 1910-1920 representa una fase de desarrollo más for-
mal en la historia de la Grecia contemporánea (…) Se reorganizaron con nuevas bases las instituciones públicas, el Ejército y la
Marina mejoraron gracias a la contribución francesa e inglesa, se
realizaron enormes esfuerzos con buenos resultados por una
función más eficaz de la justicia, mejoró la educación pública y
se crearon nuevas escuelas; la economía nacional y sobre todo el
sector de la agricultura mejoró gracias a la creación de escuelas
y cooperativas agrarias sostenidas por medio de préstamos concedidos por el Banco Nacional. También se pusieron las bases de
un sindicalismo más moderno con la ley 281 de la nueva Constitución de 1911, la cual aceptaba el movimiento obrero, permitía la expropiación de los latifundios con fines sociales y con previsión de instalación en ellos de campesinos sin tierra y prohibía

la participación de los patronos en las asociaciones (…) Este desarrollo se interrumpió momentáneamente durante la guerra de 1914".

Νίκος Γ. Σβορώνος, *Επισκόπηση της Νεοελληνικής Ιστορίας. Βιβλιογραφικός Οδηγός Σπύρου Ι. Ασδραχά.* Αθήνα, Θεμέλιο 1978 (β´ έκδοση) / Nicos G. Svoronos, *Esbozo de la Historia Neohelénica. Guía bibliográfica Spyros I. Asdrajás.* Atenas, 1978 (2ª edición), p. 115-116. (La cursiva del texto es del autor).
Nikos Svoronos (1911-1989), destacado historiador griego, formado en Francia y allí exiliado por comunista y marxista.

"El libro de Athina Kakuri deja al lector con una sensación de vértigo. Vértigo por la magnitud del mal que puede causar el narcisismo de una persona talentosa (ndr. Eleftherios Venizelos). Bastaba un gran arrogante sin escrúpulos para que el helenismo de Asia Menor, el Ponto y la Tracia oriental perdieran definitivamente los fundamentos básicos de su existencia histórica".

Χρήστος Γιανναράς, «Το σήμερα έρχεται από το χθες», *Η Καθημερινή,* 12-2-2017/ "El hoy viene de mañana", *I Kacimeriní* (Diario, 12-2-2017). Recesión sobre el libro de Αθηνά Κακούρη, *Τα δύο Β,* Εκδόσεις Καπόν, Αθήνα, 2016/ Athiná Kakuri, *Los dos B* (Ndr., B de Venizelos y B de rey/ βασιλιάς), Ed. Capón, Atenas, 2016.
Jristos Yanarás (1935-2024), filósofo, teólogo, escritor y ensayista, ideólogo del movimiento neoortodoxo.

ÍNDICE

ACLARACIONES

Fechas

A veces, las dobles fechas que verá el lector se deben a que, en el periodo aquí tratado, en Grecia estaba en vigor el antiguo calendario juliano, que le separan 13 días menos del actual calendario gregoriano (por ejemplo: restauración de Constantino I, 6/19 de diciembre de 1920). Se trata de un detalle de precisión histórica, que tuvimos que respetar sobre todo en algún caso particular, como son, por ejemplo, las sesiones parlamentarias.

Transcripción

Como comprobará el lector, hemos preferido (como en nuestro estudio anterior) la ortografía Venizelos sobre otras opciones, igualmente correctas, como, por ejemplo, Veniselos o Venicelos.

Respecto de los nombres propios de personas y lugares mantenemos la transcripción en español admitida y asentada, por ejemplo, Quíos para la isla oriental que en griego se escribe *Χίος* o Constantino que en griego se escribe Κωνσταντίνος. Mantenemos la ortografía de los nombres de los diputados que intervinieron o son citados en los debates según aparece en el texto del libro.

Respecto de los nombres de los historiadores griegos citados tratamos de mantener la ortografía que proponen ellos mismos cuando transcriben sus nombres al inglés, pero el resto de términos lo hacemos con nuestro propio sistema procurando mantener la homogeneidad.

Salvo los conceptos clave que siguen, las demás transcripciones y traducciones al español de nombres, títulos y autores griegos aparecerán en el apartado de bibliografía. En el texto dejamos en griego solo los títulos de los diarios con su traducción. Su transcripción estará en el texto.

Citas y abreviaturas

Las citas de la edición española del libro de Venizelos, que tratamos *Grecia ante la guerra europea,* por su elevado número, las haremos con la abreviatura V.-Cl. seguido del título o subtítulo del apartado, en su caso, y de la página. Por ejemplo, V.-Cl. "El socorro a Serbia", pp. 109-113, pero en ocasiones facilitaremos al lector algún texto.

Para facilitar la lectura, daremos los títulos originales de los libros en griego solo en la bibliografía final. Por tanto, y por motivos de homogeneidad, haremos lo mismo con la bibliografía en español, es decir, daremos solo los nombres y el año de edición.

Conocemos la diferencia entre legación servida por un ministro plenipotenciario y embajada servida por un embajador, pero cuando utilicemos el término embajador y embajada para referirnos al ministro plenipotenciario y la legación, lo hacemos con la intención de abreviar y porque estos sustantivos son más comunes. El actual Ministerio de Exteriores era entonces de Estado, pero utilizamos indistintamente ambas expresiones.

Conceptos clave
Antigua Grecia (*Παλαιά Ελλάδα* / Paleá Elada).
Asociación General de Trabajadores (*Γενική Συνομοσπονδία Εργατών Ελλάδας* -ΓΣΣΕ- / Genikí Sinomospondía Ergatón Eladas).
Asociación Panhelénica de Reservistas (*Πανελλήνιος Σύνδεσμος Εφέδρων* / Panelinios Síndesmos Efedron).
Batallones democráticos (*Δημοκρατικά τάγματα* / Dimocratiká tágmata).
Batallones de reservistas (*Τάγματα επιστράτων* / Tágmata epistraton).
Cisma / división nacional (*Εθνικός διχασμός* / Ethnikós dijasmós).
Comisión de Reasentamiento de Refugiados (*Επιτροπή Αποκαταστάσεως Προσφύγων* / ΕΑΠ / Epitropí Apokatastaseos Prosfigon / EAP).
Constantino rey y a comer pan con olivas (*Ψωμί, ελιά και Κώτσο βασιλιά* / Psomí, eliá ke Kotso vasiliá).
Cuestión de Macedonia (*Μακεδονικό ζήτημα* / (Makedonikó zítima).
Cuestión del Medio Oriente (*Μικρασιατικό ζήτημα* / Mikrasiatikó zítima).
Delito especial contra el Estado burgués (*Ιδιώνυμον* / idionimon).
Desastre de Asia Menor (*Μικρασιατική Καταστροφή* / Mikrasiatikí Katastrofí).
División de la dracma (*διχοτόμηση της δραχμής* / dijotómisi tis drajmís).
Episodios-pogromos contra la comunidad griega de Estambul en septiembre de 1955 (*Σεπτεμβριανά* / septemvrianá).
Gran idea (*Μεγάλη ιδέα* / Megali idea).

14

Grecidad (*Ρωμιοσύνη* / Romiosini).

Griego del Imperio otomano / Comunidad cristiana greco-ortodoxa del Imperio otomano (*Ρωμιός-Ρωμιοί* / Romiós-Romií. Turco: *millet-i Rûm*).

Hechos de julio de 1920 (Ιουλιανά / Iulianá).

Lengua cotidiana-informal (*Δημοτική* / dimotikí).

Lengua pura (*καθαρεύουσα* / kazarévusa).

Los refugiados griegos del Asia Menor (Μικρασιάτες / Mikrasiates)

Movilizado, llamado a filas (*Επίστρατοι* / Epístrati).

Nuevos Países / Nueva Grecia (*Νέες Χώρες* / Nees Jóres).

Realeza / Monarquía Constitucional (*Συνταγματική Μοναρχία/Sintagmatikí Monarjía*).

Partido Comunista de Grecia (*Κομμουνιστικό Κόμμα Ελλάδας* -KKE- / Komunistikó Koma Eladas).

Partido Socialista Obrero de Grecia (*Σοσιαλιστικό Εργατικό Κόμμα Ελλάδος* -ΣΕΚΕ- / Sosialistikó Ergatikó Koma Elados*).

República con rey (*Βασιλευομένη Δημοκρατία* / Vasilevoméni Dimokratía).

República presidencial (*Προεδρευομένη Δημοκρατία* / Proedrevomeni Dimokratía).

Unión Nacional de Grecia (Εθνική Ένωσις Ελλάς / Ethnikí Énosis Elás / EEE).

Agradecimientos

A Jará Apostolaki, responsable de las colecciones de la Fundación Nacional de Investigaciones y Estudios "Eleftherios K. Venizelos" en Creta-Chania (Εθνικό Ίδρυμα Ερευνών και Μελετών "Ελευθέριος Κ. Βενιζέλος"), por sus indicaciones bibliográficas sobre ediciones antiguas referidas a Venizelos.

INTRODUCCIÓN

MEMORIA HISTÓRICA GRIEGA EN ESPAÑOL

Durante los trabajos de investigación y documentación para la publicación de nuestro libro *II República griega (1924-1935), Venizelos y la diplomacia española*[1], y continuar nuestra investigación, encontramos en la Biblioteca Pública de Segovia el libro *Grecia ante la guerra europea,* cuyo autor es el gran estadista griego, Eleftherios Venizelos, y su traductor fue Vicente Clavel, un intelectual liberal y republicano español. El contenido del libro describe la posición política que mantuvo Venizelos respecto de la Primera Guerra Mundial y la actitud que, según el criterio de Venizelos, debería tener Grecia frente a ella[2].

El libro no tiene año de edición, pero debió de ser editado con posterioridad al mes de mayo de 1916 o a comienzos de 1917 máximo, como precisaremos a continuación. Este libro no forma parte del fondo bibliográfico de la Biblioteca Nacional de España ni del CSIC, pero sí se encuentra en los fondos de algunas universidades españolas, (así como en americanas y suramericanas) con el título en inglés y en la de Valencia con el título español[3].

Aquel encuentro nos animó y empujó a intentar completar (si no es mucho decir) nuestra investigación sobre Grecia y Venizelos, también en relación con España. Por tanto, esta vez nos hemos centrado en la primera etapa venizelista (1010-1923) y más precisamente en el periodo de la gran división nacional (1914/15-1923), o de las dos Grecias ya que en nuestro estudio anterior nos centramos sobre todo en la segunda (1924-1935).

---

[1] Álvarez de Frutos, P. y Filippís, D.: *II República griega (1924-1935). Venizelos y la diplomacia española.* Granada, Centro de Estudios Bizantinos, Neogriegos y Chipriotas, 2017.

[2] Venizelos, E.: *Grecia ante la guerra europea.* (Versión española de Vicente Clavel). Valencia, Edit. Cervantes, precio 3 pesetas. De ahora en adelante se cita el autor y el año.

[3] También se encuentra con el título en español en dos bibliotecas de Chile y otras de EE.UU. Con el título en inglés se encuentra en más bibliotecas, especialmente en EEUU, como se pueden ver en la dirección: <https://search.worldcat.org> 2023. Finalmente, hay una versión digital del libro en español que realizó Google sobre el ejemplar de la Universidad de Princeton, al que solo se puede acceder desde EE.UU. con la dirección:<https://babel.hathitrust.org/cgi/pt?id=njp.32101059981603&seq=11> 2023.

La fecha clave entre las dos etapas es el tratado de Lausana de 1923, con el intercambio de poblaciones entre Grecia y Turquía tras la catástrofe griega en Asia Menor (agosto-septiembre de 1922) y el final trágico de la guerra greco-turca (1919-1922). Antes del tratado, el juicio con la ejecución de los seis políticos y militares antivenizelistas, que fueron condenados y fusilados como responsables de dicha catástrofe (noviembre de 1922), representa el trágico hito del "cisma (o división) nacional griego"[4], que había comenzado en 1915-16 entre los liberales de Venizelos, por una parte, los llamados "venizelistas", y los conservadores-filomonárquicos, por otra, los llamados "antivenizelistas" o "constantinistas" por el nombre del rey Constantino I, aunque menos usual.

El rey Constantino subió al trono tras el asesinato de su padre, el rey Jorge I, por un enfermo mental en Salónica a principios de marzo de 1913, es decir, con las gloriosas Guerras Balcánicas (1912-13) en marcha. La primera Guerra Balcánica enfrentó al Imperio otomano con la llamada Liga de los Balcanes (Bulgaria, Montenegro, Grecia y Serbia), mientras que la segunda enfrentó a Grecia, Serbia, Montenegro y Rumanía con Bulgaria. Con la primera se logró, prácticamente, la expulsión definitiva del Imperio otomano de la Península Balcánica y con la segunda se evitó la creación de una gran Bulgaria y Grecia aumentó su población de 2.461.952 habitantes a 4.718.221 y su territorio de 63.211 km^2 a 120.308 (sumó gran parte de la Macedonia, el Epiro sur, la mayoría de las grandes islas del Egeo nororiental: Tasos, Samotracia, Quíos, Lesbos, Mitilene, Lemnos, Icaria, y Creta). Con el Tratado de Bucarest (10 de agosto de 1913, que puso fin a la segunda Guerra Balcánica), Bulgaria obtendría gran parte de la Tracia occidental, el Imperio otomano la Tracia oriental (con el acuerdo de Constantinopla que siguió en octubre de 1813, entre Bulgaria y el Imperio otomano) y Serbia buena parte de la Macedonia noroccidental. A finales de aquel año (diciembre de 1913) con el protocolo de Florencia, Epiro del norte, una región griega en su mayoría, se asignaba a Albania lo que generó un gran rencor en Grecia. El Dodecaneso siguió bajo dominio italiano. Tras esas guerras y el citado acuerdo de Bucarest se "introdujo" también una nueva terminología: Antigua y Nueva Grecia.

Aquel triunfo, según se dijo entonces popularmente, se debió a "los dos B" –bitas–, la del rey (Βασιλιάς), Constantino I, jefe militar (que empezó aquellas guerras como príncipe heredero y las terminó como rey), y la de Venizelos (Βενιζέλος), primer ministro, jefe político. En agosto del

---

[4] Cisma o División Nacional / Εθνικός Διχασμός (Ethnikós Dijasmós). En adelante solo escribiremos cisma o división nacional.

año siguiente, 1914, el estallido de la Guerra Mundial produjo una gran crisis política en el país heleno y, ya en 1915, Grecia estuvo dividida en dos por aquellos que defendían la intervención de Grecia en la guerra, los venizelistas, y aquellos que defendían su neutralidad, los antivenizelistas. Y el cisma nacional del que habla este estudio ha continuado hasta épocas más recientes.

Sin embargo, en la raíz de aquel cisma o división nacional no estuvo solo la rivalidad entre unos y otros por la intervención o no de Grecia en la Gran Guerra (1914-18). A ello se unió la diferencia por la forma del Estado, monarquía o república, un dilema que se personificó también, y siempre con hostilidad, entre Venizelos, primer ministro, y el rey Constantino I, aunque Venizelos nunca se pronunció con claridad sobre esta cuestión y, sobre todo, por la interpretación que hacía el rey de la Constitución, respecto de los poderes que él creía que le otorgaba por encima de los del primer ministro elegido por los ciudadanos griegos tras las elecciones libres.

Por tanto, el presente estudio se sustenta sobre tres ejes: La edición del libro de Venizelos 1916/17 traducido al español; los acontecimientos del periodo 1914-1923 con especial atención al marco diplomático y político con la intención de entender el pensamiento del cretense con las consecuencias nacionales e internacionales de sus ideas y actitud política, y las concepciones españolas acerca de la división nacional; y tiene un objetivo central que es el de ilustrar el cisma nacional griego en el momento histórico de su nacimiento (1915-16). Para llevar a cabo esta labor creemos que nuestro texto debe desarrollarse como sigue…

El primer capítulo está dedicado a las circunstancias historiográficas y filológicas de aquella pequeña edición, identifica a su traductor y expone, clara y brevemente, el marco histórico del periodo al que se refiere dicha edición, que coincide con el comienzo del cisma nacional, es decir el bienio 1915-16. Con ello intentamos introducir al lector menos iniciado en la historia de Grecia de aquel periodo y resumir la situación de España.

El segundo capítulo está dedicado principalmente al análisis y cronología del proceso más importante, profundo y duradero de la historia contemporánea de Grecia, es decir, la ruptura de Grecia en dos partes enfrentadas e irreconciliables, que duraría muchos años.

El tercer capítulo analiza el posterior desarrollo de los acontecimientos tras la ruptura en dos de Grecia, el camino hacia la Catástrofe de Asia Menor, la gestión de Venizelos en Lausana tras la derrota griega en Asia Menor para terminar con su última dimisión.

El cuarto capítulo trata de exponer brevemente la posición oficial de España respecto de algunas cuestiones como la neutralidad durante la Gran Guerra, el Gobierno revolucionario de Salónica, etc. y de la opinión sobre Venizelos de algunos políticos o periodistas españoles.

Y finalmente, en el capítulo quinto, trataremos de contestar a aquellas preguntas que surgieron en el curso del presente estudio y cómo las interpretó la diplomacia española y la cultura liberal y republicana de la España de entreguerras. Según se entiende, siempre tratamos de valorar a Venizelos y a sus adversarios en base a la realidad de la época, teniendo en cuenta los testimonios y las interpretaciones fiables tanto de la historiografía de la época como de la posterior[5].

Por lo demás, no es casual que el presente trabajo vea la luz casi en el aniversario de los acontecimientos antes referidos (catástrofe en Asia Menor, ejecución de los seis, Tratado de Lausana), cuya memoria histórica está aún tan viva.[6] En todo caso, y a pesar de la infinita serie de actividades, congresos y ediciones que han tenido lugar en Grecia con motivo de dichos aniversarios, el presente estudio aspira sobre todo a ser una edición crítica de aquella antología española provenizelista, que encontramos en la que queda grabado, en gran parte, el proceso de la gran ruptura nacional griega de aquel momento.

Como en nuestro estudio anterior, publicado por esta misma editorial, el objetivo de los autores es entender aún mejor, de primera mano y a través de sus escritos y discursos al protagonista de aquel periodo, el cretense Eleftherios Venizelos, quien desde su aparición en la escena política griega, en 1909, hasta su muerte en marzo de 1936, destacó en la escena mundial entre los grandes estadistas del primer tercio del siglo XX, así como la opinión española de la época. Por tanto, esperamos que ambos constituyan una contribución a la historiográfica en español sobre la Grecia contemporánea en la primera mitad del siglo XX y, además ayuden a nuestros lectores a aproximarse a la historia de Grecia, así como entender aún mejor la de España por los paralelismos entre los dos países que este estudio también hace.

---

[5] Entendemos por bibliografía fiable aquella posterior y más reciente que vio la luz durante los últimos años, sin prescindir de algunos títulos más antiguos de referencia como, por ejemplo, Veremis-Goulimí (1989), Mavrogordatos-Jatziosif (1992), Mourelos (2006).
[6] La pandemia hizo coincidir dos aniversarios: los 200 años del inicio de la Guerra de Independencia griega (1821), que debía festejarse en 2021, y los 100 años de la Catástrofe en Asia Menor, la ejecución de los seis y el tratado de Lausana (acontecimientos a los que se hace referencia aquí en el sitio adecuado). Las actividades sobre dichos aniversarios continuaron mientras se redactaba el presente estudio.

CAPÍTULO 1

UN LIBRO PARA DOS PAÍSES

Venizelos impulsó y animó la publicación de este libro en Estados Unidos, pero ¿con qué finalidad? Podemos hacer toda serie de conjeturas, pero es indudable que promovió aquella publicación para que quedara constancia escrita de su postura política durante el trance en el que se encontró Grecia ante la Primera Guerra Mundial, es decir, con conciencia de su importancia histórica.

1.1. *La edición española: datos históricos y filológicos*

Este libro de Eleftherios Venizelos, *Grecia ante la guerra europea*, llegó a la citada biblioteca a través de la Universidad Popular de Segovia. Su sello está estampado en la parte inferior derecha de la portadilla y en la guarda anterior conserva una pegatina con el número 4855, quizá su número de registro en la institución de procedencia o el número de su tejuelo. Se desconoce y desconocemos si fue una donación a esa Universidad de persona o institución. El texto, salvo alguna parte, como se verá, está traducido del inglés por Vicente Clavel Andrés y editado en Valencia por la editorial Cervantes, que el propio traductor fundó en 1916.

La Web de la Universidad de Alicante contiene un PDF con una biografía del señor Clavel[1]. En ella, se dice que fue "escritor, periodista, editor y traductor valenciano [...] Su obra como escritor y traductor es muy amplia,

---

[1] Biografías de traductores. Vicente Clavel Andrés (1888-1967). En<https://web.ua.es/es/histrad/documentos/biografias/vicente-clavel.pdf> enero 2020. Otras breves reseñas en: <http://publicacions.iec.cat/repository/pdf/00000202/00000037.pdf>; <http://www.diade-llibro.eu>; <http://www.ideal.es/almeria/prensa/20070418/tribuna_almeria/vicente-clavel-invento-rosa_20070418.html>; <http://www.biblogtecarios.es/carlosgiraldez/vicente-cla-vel-contigo-empezo-todo/>; <http://www.antena3.com/noticias/cultura/que-celebra-dia-li-bro-abril_2017042358fc58550cf2ea95b02b003f.html> y <http://www.llenguavalencianasi.com/mavida/biografies-c-01/vicent_clavel-c.htm>. Una opinión política sobre Vicente Clavel en:<https://books.google.es/books?id=K-Vti-2lTwsC&pg=PA145&lpg=PA145&dq=vi-cente+clavel&source=bl&ots=5nXFNrpLzs&sig=od9QwsrJNSRoLmlARh892OSTfps&h-l=es&sa=X&ved=0ahUKEwjvoJ7d2ZXVAhVDaVAKHcVlCKQ4ChDoAQhGMAc#v=one-

así como su encomiable labor de promoción de autores hispanoamericanos". También fue periodista y colaboró con revistas literarias. "Empezó escribiendo en valenciano la novela *Noche Buena*, Valencia, El Cuento del Dumenche, 1914. En 1934 ganó un accésit de 100 pesetas concedido por la Cámara Oficial del Libro de Madrid, por el artículo 'La voz del libro' [*ABC*, 28/04/1934]".

Vicente Clavel fue traductor de varias lenguas y tiene obra de contenido histórico y político, una colección de relatos infantiles publicados entre 1957 y 1965 en la editorial Cervantes y destacó como prologuista en numerosísimas ocasiones. Todo ello y más extenso se puede ver en la citada Web de la Universidad de Alicante.

También es conocido por ser el "promotor de una idea comercial para incrementar la venta de libros, que se plasmó a través de un Real Decreto (26/02/1926), cuyos quince artículos fueron redactados por él, y sancionado con la firma del rey Alfonso XIII", el Día del Libro. Se trasladó a Barcelona, donde "fue consejero y vicepresidente de la Cámara Oficial del Libro de Barcelona desde su creación en 1922".

Vicente Clavel fue amigo de Blasco Ibáñez, quien le introdujo en el ámbito editorial. En noviembre de 1894 colaboró en el diario *El Pueblo*, de ideología republicana, creado por Blasco Ibáñez, y allí coincidió con Félix Azzati, que fue director del diario y jefe de Unión Republicana en Valencia. Por tanto, Clavel tuvo relación o perteneció a círculos liberales republicanos, que quizá tuvieran contacto con grupos homólogos extranjeros, que hacían propaganda provenizelista y que tenían relación con los núcleos liberales de la diáspora griega en Estados Unidos y Europa occidental, Francia e Inglaterra sobre todo, como lo demuestra la gran cantidad de comunicados oficiales franceses sobre la guerra que publicó ese diario[2].

El diario *El Pueblo*, del que fue redactor Vicente Clavel, publicó diariamente noticias relacionadas con la guerra, incluso con mapas, de la situación de Grecia, sobre Venizelos y también, por ejemplo, sobre la colonia griega de Alejandría o el Congreso Helénico celebrado en París que, entre otros objetivos pretendía combatir la "política anticonstitucional del gobierno griego", y otras muchas[3].

---

page&q=vicente%20clavel&f=false>. Todas estas direcciones de Internet corresponden a enero de 2020.

[2] Vicente Blasco Ibáñez estaba en París cuando se inició la Gran Guerra y escribió *Historia de la guerra europea de 1914*. V. bibliografía.

[3] "La decisión del Congreso Helénico" reunido en París (15 de enero de 1916); "Orden de

Además, Clavel tradujo en 1916 el libro *La victoria en marcha*, escrito por el primer ministro liberal inglés y gran protagonista en aquella década, Lloyd George, que exponía la intervención de Gran Bretaña en la Gran Guerra y sus "puntos de vista sobre las transformaciones que se estaban operando en los problemas económicos, financieros, militares, políticos y sociales". También, textos acerca de la "inminente victoria griega en Asia Menor" que, como se sabe, finalmente se convirtió en la llamada "Catástrofe griega en Asia Menor". Entre el estadista británico y Venizelos hubo una admiración y simpatía mutua que comenzó mediante la intervención de John Stavridis, cónsul general de Grecia en Inglaterra con residencia permanente en Londres. Según parece, esta admiración impresionó a Clavel[4].

Todo esto debió influir en la decisión de Vicente Clavel de traducir y editar el libro que tratamos: *Grecia ante la guerra europea*. Traducción que, según la citada Web, fue la "versión española y material biográfico en un anexo que contenía opiniones de Ribot, Hanotaux, Balfour, Nordau, etc.". Esta versión de Vicente Clavel (Valencia, Cervantes), no tiene fecha de edición, como hemos dicho, pero tiene que ser posterior a marzo de 1916, cuando Vicente Clavel dató su introducción, y también a mayo del mismo año porque incluye un artículo de Venizelos de ese mes publicado en el diario venizelista *Κήρυξ* (*Kírix* / Misionero).

Clavel no aclaró esta temporalidad. Además, la introducción norteamericana tiene tres partes: introducción propiamente dicha (pp. 1-4) fechada el 23 de enero de 1915, telegrama de Grey con un breve comentario (pp. 4-6) y una breve exposición histórica del proceso relatado en los discursos de Venizelos fechada en Nueva York en noviembre de 1916, que no fueron traducidas ni explicada esta temporalidad.

Sea como fuere, la edición española debió aparecer en la segunda mitad del año 1916 o a comienzos de 1917. En todo caso, no cabe duda de que, además de su buena traducción, Vicente Clavel escribió una introducción

---

prisión contra Venizelos" (29 de enero de 1916); "La colonia griega de Alejandría a favor de los aliados" (31 de enero de 1916) o "La ofensiva de los aliados en Macedonia" (16 de marzo de 1916), entre otras muchas.

[4] V. Svolópoulos (2009), p. 35. En estos años la editorial también publicó *The world war. El deber de América ante la nueva Europa,* de Teodoro Roosevelt, también traducido por Vicente Clavel, 1917; y *España ante el conflicto europeo. (Tres estudios): iberismo y germanismo,* de Edmundo González Blanco. Todo ello en "L'edició popular a Espanya. El cas de l'Editorial Cervantes. Notes" ("La edición popular en España. El caso de la Editorial Cervantes. Notas), p. 39. En *Educació i Història: Revista d'Història de l'Educació,* Nº 22 (julio-desembre, 2013), Societat d'Història de l'Educació dels Països de Llengua catalana, pp. 33-63.

orientativa para los lectores de entonces, muy útil para nosotros ahora, porque traza en líneas muy generales las grandes cuestiones a las que se enfrentaban entonces Grecia y el cretense. Pero la lectura de esta introducción pertenece al capítulo siguiente…

El libro que tradujo Vicente Clavel corresponde a los originales de 1916 que guardan la Princeton University y la Universidad de California. El texto de esta última fue traducido por Socrates Anthony Xanthaky y Nicholas George Sakellarios[5]. Quizá a estos y a otros se refería Unamuno en el texto que sigue

> "… no se nos ocurriría tachar de malos patriotas griegos a los partidarios de Venizelos, que desde los Estados Unidos protestan contra los procedimientos del rey Constantino de Grecia. Y es porque es inevitable el que se lleve al extranjero las diferencias que en casa se tienen"[6].

La edición en inglés lleva por título: *Greece in her true light,* y en ediciones anteriores el título: *Greece in Her True Light: Her Position in the Worldwide War as Expounded by Eleutherios K. Venizelos, Her Greatest Statesman. In a series of oficial documentos (1916),* cuyo precio se precisaba en 2 dólares[7].

Por su importancia histórica, ya que "arroja luz" sobre el proceso del cisma nacional griego entre la Grecia liberal-venizelista y la Grecia conservadora-monárquica (1915-16), el libro ha sido reeditado en EE.UU. en numerosas ocasiones, la última conocida es de 2015. Como es obvio, aquí nos vamos a centrar en la antigua edición española, que sigue la fuente

---

[5] Estos dos ejemplares se pueden localizar a través de Internet en <https://www.amazon.es/ Greece-Her-True-Light-Eleutherios/dp/1164661779> y <https://books.google.es/books/about/Greece_in_Her_True_Light.html?id=wMwKAQAAIAAJ&redir_esc=y> respectivamente, aunque hemos localizado otros dos ejemplares en <https://www.amazon.es/Greece-Her-True-Light-World-Wide/dp/129825356X> y <https://books.google.es/books?id=wjZ_xAEACAAJ&dq=inauthor:%22Eleutherios+Venizelos%22&hl=es&sa=X&redir_esc=y> que, en su nota bibliográfica, no indican la procedencia original. Cada uno de ellos tiene una portada diferente. La versión española también tiene su propia portada. Todas las Web de noviembre de 2022.

[6] Unamuno, M. de: "Lo que le ha sucedido a D. Ramón del Valle Inclán en su viaje a Méjico y el ejemplo de Mazzini con respecto a Italia". En *La Nación*, Buenos Aires, 19 de marzo de 1922.

[7] Las ediciones y otros títulos de Venizelos se pueden ver en<https://www.amazon.es/s?i=stripbooks&rh=p_27%3AEleutherios+Venizelos&ref=dp_byline_sr_book_1> noviembre de 2022.

americana, mientras que según parece hubo también ediciones "similares" en otros países[8].

Según nuestra investigación, las circunstancias histórico-filológicas que rodean tanto aquellas ediciones provenizelistas de 1916-17 como sus reediciones de 2015, están como sigue:

a. En gran parte, estas ediciones se basan en una edición especial del diario ateniense, Πατρίς (*Patrís* / Nación), fundado en 1890 en Bucarest, donde existía una milenaria comunidad griega (como se sabe, en Rumania –en la ciudad de Iaşi– empezó la revolución griega en 1821) y se trasladó a Atenas en 1905. Fue casi portavoz periodístico oficial del venizelismo, cuyo subtítulo era "Diario de principios liberales"[9]. Este diario apoyó al cretense hasta el final. Por tanto, en su intento de sostener la propaganda venizelista, editó en aquel mismo 1915, el libro *El. K. Venizelos, El Programa de su Política Exterior -discursos parlamentarios de 21 y 28 de septiembre y 21 de octubre de 1915*[10]. Las ediciones extranjeras respetan en gran parte la estructura del original (ladillos y subtítulos), que se centra exclusivamente en los discursos parlamentarios citados.

b. El contenido de dichas ediciones de 1916 fue sacado vía diplomática y/o periodística a pesar de los obstáculos que puso la propaganda monárquica rival y, entonces, gubernamental. La edición que guardan la Universidad de California y la Universidad Complutense, al menos, contiene una introducción, que no fue traducida por Clavel: partes III: "Venizelos´ Direct Appeal to be Greek People" y IV: Venizelos´ Public

---

[8] La Fundación Eleftherios Venizelos en Creta no excluye la existencia de otras ediciones de este libro en otros idiomas, ya que desconocían la edición española. Entre las ediciones "similares", contemporáneas o algo posteriores a la edición española, se pueden mencionar, por ejemplo: *Greece before the Peace congress of 1919: a memorandum dealing with the rights of Greece* / presentado por Eleutherios Venizelos. Una traducción revisada del original francés. Publicado para la American-Hellenic Society, sucursal estadounidense de Oxford University Press, E. Vénizélos (1919); *La Politique de la Grèce, ouvrage contenant les discours prononcés par l'homme d'État aux séances historiques du Parlement hellénique, octobre et novembre 1915*. Préface de M. Joseph Reinach (1916); C. Kerofilas, *Un homme d´Etat E Venizelos. Venizelos en Crete, a Athenes. L´homme d´état et l´opinion Européenne. Venizelos et la Guerre Mondiale*, París, 1915 (de este se hace referencia a continuación, en el cap. 1.2.1).
[9] Cfr., Drulia-Koutsopanagou, (2008, t. Γ´), pp. 472-474.
[10] ΠΑΡΑΡΤΗΜΑ ΤΗΣ ΕΦΗΜΕΡΙΔΟΣ ΠΑΤΡΙΣ. ΕΛ. Κ. ΒΕΝΙΖΕΛΟΥ ΤΟ ΠΡΟΓΡΑΜΜΑ ΤΗΣ ΕΞΩΤΕΡΙΚΗΣ ΑΥΤΟΥ ΠΟΛΙΤΙΚΗΣ. Αγορεύσεις κατά τας συνεδριάσεις της Βουλής της 21ης, 28ης Σεπτεμβρίου και 21ης Οκτωβρίου 1915. Εν Αθήναις 1915. V. Anexo imágenes.

Career". Tampoco incluye un prólogo de Venizelos que está en la edición española. Por tanto, este manifiesto aconsejando a su partido la abstención en las elecciones generales de 19 de diciembre de 1915 no fue transmitido al extranjero por orden del Gobierno de Atenas que secuestró los periódicos liberales que lo insertaban. Es un texto de gran valor histórico que se da a conocer por vez primera en castellano[11].

c. Se trata de ediciones "íntegras e independientes de propaganda venizelista", que se debieron a iniciativas de núcleos liberales en Grecia, Europa y América. Dichos círculos pusieron en marcha todo un aparato de propaganda al servicio personal de Venizelos, "prensa diaria y periódica, medios de propaganda visual, acústica y oral, canales de colaboración con organizaciones y personas de gran influencia y poder, movilización de grupos de presión en los ámbitos sociales más activos: intelectuales, diplomáticos, eclesiásticos, universitarios o socialistas". Son de destacar los reflejos políticos tan enérgicos del cretense, quien entendió enseguida la gran importancia de la "propaganda profesional, mientras duraba la Primera Guerra Mundial", y procuró "tener a su disposición unos medios propagandísticos de apoyo complementario para su maniobra política y diplomática"[12].

Paralelamente, en el exterior el rey Constantino ganaba, por mérito propio, entre los países de la Entente la distinción de rey más odiado junto al Káiser alemán, mientras que Venizelos ganaba, en esos mismos países, su máxima popularidad, la estima y la admiración personal de sus líderes por haber demostrado ser un negociador hábil, fiable, que aprovechaba sus oportunidades, y prudente con valor y reconocimiento internacional[13]. Al tiempo, el cretense había ganado fama de estadista de primera clase, ya que, a partir de su primer gobierno, en 1910, había liderado desde el poder y con gran éxito entre "su clase", es decir, aquella "nueva clase media de militares, agricultores, abogados, médicos y capitalistas de la diáspora", que le llamaron a Atenas en 1909 como mesías, cuando él estaba en Creta, tras el golpe militar de Gudí, "reformador y progresista", según se define por parte de la historiografía[14].

---

[11] V. en la n. 2 unos detalles filológicos sobre el libro y el texto del manifiesto en el Anexo 6.4.3.
[12] Svolópoulos (2009), p. 65.
[13] Ibid (2009), p.60-66.
[14] Ibid. Sobre la trayectoria de Venizelos v. en Anexo: "Venizelos de Creta a Atenas (Gudí)".

d. La Grecia monárquica, a causa de la antipatía general hacia la persona del rey Constantino I, no pudo movilizar una propaganda tan eficaz y de contrapeso por lo menos entre los grandes países democráticos occidentales, aunque parece haberlo conseguido mejor entre los países monárquicos, como Alemania y España. Sin embargo, Francisco Agramonte y Cortijo (1880-1966), diplomático y escritor, que nada más ingresar en la carrera diplomática fue enviado a Grecia como agregado sin sueldo (1910), regresó en 1920 por un año y escribió el libro *Evolución de Grecia durante la Primera Guerra Mundial*, que prácticamente constituía un informe diplomático "antivenizelista" enviado a Emilio de Palacios, ministro del Estado. Probablemente Agramonte, que creía que Venizelos era un "traidor", no tenía buena relación con el ministro en Atenas, Andrés López, quien, según parece, estimaba a Venizelos, y quien cita la publicación, Venizelos E., *Λευκό Βιβλίο* (ndr. Libro Blanco), 1917 y 1919, "Documents politique", 1917, 1919[15].

e. Otros libros de propaganda venizelista y antivenizelista fueron editados en los años siguientes. Sin embargo, no gozaron de traducciones y ediciones extranjeras en los momentos de los hechos que tratamos como se hizo con el primero[16].

f. Las ediciones de 1916, como la americana, han gozado de reediciones recientes, mientras que la presente pretende ser una "(re)edición crítica" en español.

g. También llama la atención que, a pesar de las muchas ediciones "temáticas" y bibliográficas más o menos recientes en griego de y sobre textos de Venizelos, en la vasta historiografía griega no hay referencias a estas ediciones griegas y extranjeras de aquel periodo (1915-17), mientras que en muchos casos estas ni se mencionan en los apartados de bibliografía.

---

[15] V. Agramonte y Cortijo (2009), traducido al griego también con introducción de Morcillo Rosillo y Morfakidis. A pesar de nuestra investigación no hemos podido localizar esta edición de 1917 que menciona Agramonte. Aunque no está en el archivo de la Fundación Eleftherios Venizelos, no se puede excluir que hubiera existido como anexo en algún diario. En todo caso, apareció posteriormente en un "Libro Blanco" (se desconoce la fecha), un "refrito" de 5 volúmenes, y hemos localizado en el archivo de la Fundación E. Venizelos la edición italiana, *Il Libro bianco greco. Documenti diplomatici 1913-1917 seguito dal discorso di Eleutherio Venizelos*, ed. Guaroni, Roma 1918. Es un tema que merece otra investigación.

[16] V. en el Anexo imágenes las portadas de algunas ediciones.

En esta línea, cabe decir que la Fundación Parlamentarismo y la Democracia del Parlamento griego, en 2015, conmemoró el centenario de la "gran división nacional" de 1915 y editó el libro *Eleftherios Venizelos. Su última batalla parlamentaria de 1915, en la* serie Cuadernos de discursos parlamentarios III. Esta edición, coordinada por el historiador Giorgos Mavrogordatos, contiene solo (y no todo) el último discurso de Venizelos, es decir, el de 21 de octubre de 1915[17]. Hay que especificar que en aquel entonces hubo otras ediciones griegas similares, que se refieren a periodos posteriores [18].

h. Finalmente, la edición española (en adelante nos centramos exclusivamente en esta, como hemos dicho) incluye una parte, que no ha sido incorporada hasta ahora en las ediciones griegas integrales o antológicas más conocidas que circulan: se trata de la última parte de los escritos del cretense, "Mis campañas de prensa", que la forman cinco artículos publicados en *Κήρυξ (Kírix* / Predicador o Misionero) órgano periodístico venizelista de Candia, entre el 4 de abril y el 1 de mayo de 1916.

Kírix fue editado por el mismo Venizelos como semanal en 1901 y a aquella edición corresponde al periodo revolucionario-cretense del estadista, por cuya actitud periodística fue encarcelado por insulto a

---

[17] Esta edición del Parlamento griego comienza en la página 70 de la edición "original-especial" del diario *Patrís* y de la página 105 de la edición española (V.-Cl), que aquí estudiamos. Y creemos que no fue por casualidad que el coordinador de la edición eligiera empezar con la frase de Venizelos: "No se trata ahora de saber si lo mejor es vivir en paz con los otros pueblos balcánicos, antes, al contrario, saber si nos es necesario batirnos con ellos". Como veremos la situación en los Balcanes, a partir de la década anterior siguió siendo complicada. El original: *Ελευθέριος Βενιζέλος. Η ύστατη κοινοβουλευτική μάχη του 1915* (εισαγωγή-ιστορικός σχολιασμός Γιώργος Θ. Μαυρογορδάτος). Τετράδια Κοινοβουλευτικού Λόγου III. Ίδρυμα της Βουλής των Ελλήνων για τον Κοινοβουλευτισμό και τη Δημοκρατία.

[18] Otra edición griega y similar de aquel periodo es: *Αγορεύσεις Ελευθερίου Βενιζέλου, Ρέπουλη-Πολίτου-Καφαντάρη και Ράλλη και Στράτου επί του πολιτικού ζητήματος. Συνεδριάσεις 10-13 Αυγούστου 1917.* Παράρτημα των εφημερίδων "Πατρίς" "Ελεύθερος Τύπος", "Εστία", "Έθνος" και "Δράσις". [*Discursos de Eleftherios Venizelos, Répulis, Politis, Kafantaris y Ralis y Stratos sobre la forma del Estado.* Anexo de los diarios "Patris", "Eleftheros Typos/ Prensa Libre", "Estia/Hogar", "Eznos/Nación" y "Drasis/Acción"]. Atenas 1917. Incluye también documentos de los años anteriores (por ejemplo, cartas entre Venizelos y el rey). Hoy día, todos los escritos de Venizelos están coleccionados en, Stefanou (1965/1969, dos volúmenes, y 1982, cuatro volúmenes). Sobre ediciones temáticas, v. por ejemplo los "discursos de Venizelos sobre la lengua" (Parlamento Griego, 2010) y bibliográficas, Parlamento Griego (2014 y 2021), así como la edición del Parlamento (2013), Eleftherios *Venizelos (1931) Acerca de la Democracia* [*Ελευθέριος Βενιζέλος (1931), Περί Δημοκρατίας*].

28

las autoridades otomanas, que prohibieron dos veces su publicación. El semanal volvió a aparecer en 1908 y desde entonces, salvo alguna breve interrupción (por ejemplo, fue prohibido durante las dictaduras de Metaxás, 1936-40 y de los coroneles 1967-1974), sigue publicándose hasta hoy como diario. Sin embargo, Venizelos, al amparo del Partido Liberal, autorizó la publicación paralela en Atenas de otro homónimo diario, pero de vida muy corta (de marzo a septiembre de 1916), cuyo responsable fue Emanuil Répulis, amigo del cretense y muchas veces ministro. Por otra parte, el responsable del *Kírix* de Creta hasta la posguerra fue Kiriakos Mitsotakis, sobrino de Venizelos, hijo de su hermana Ekaterini y abuelo del actual primer ministro del mismo nombre. Recientemente hubo una disputa parlamentaria entre el primer ministro y jefe del partido Nueva Democracia, Kiriakos Mitsotakis, y el jefe de la oposición, Alexis Tsipras, presidente del partido de izquierdas, Siriza, en relación con préstamos bancarios realizados a este diario[19].

1.2. *Estructura del libro:* Grecia ante la guerra europea

El libro comienza con tres frases. La primera corresponde a sir Edward Grey, ministro británico de Exteriores: "Serbia y Grecia deberán a la larga permanecer de pie o caer juntas", que corresponde al discurso que pronunció en la Cámara de los Comunes el 14 de octubre de 1915 y adelanta la posición de Venizelos. La segunda frase es de Venizelos: "El día que Austria ataque a Serbia, Rusia intervendrá en favor de ésta y comenzará la guerra europea", que en realidad fue una profecía que pronunció en el Consejo de ministros del 29 de mayo de 1913 presidido por el rey. La tercera se debe a Von Jagow, ministro de Relaciones Exteriores de Alemania: "Los estados pequeños no podrán gozar, en la transformación que se opera en Europa en beneficio de las nacionalidades más fuertes, de la existencia independiente que hasta hoy se les venía tolerando; están destinados a desaparecer o a gravitar en la órbita de las grandes potencias". Una buena muestra de las intenciones de Alemania y de por qué Venizelos no confiaba en ella, como veremos.

---

[19] La información de este párrafo estuvo confirmada por la Fundación Eleftherios Venizelos localizada en Creta. No pudimos tener los artículos originales porque el diario está en periodo de digitalización.

1.2.1. *La antorcha sagrada: prólogo doble*

En este prólogo (pp. 1-20), Clavel le adjudica al cretense un privilegiado cerebro, energía de carácter, una personalidad de temperamento dulce, trato afable y cariñoso, audacia y espíritu emprendedor, honradez y culto a la verdad. Como político dice de él que tiene "brillantes cualidades diplomáticas y orador elocuentísimo" e introduce una cita del doctor C. Kerofilas: "Llevó a Atenas el aire puro de las montañas, creando una nueva atmósfera vivificadora de la nación entera"[20]. Prácticamente, el traductor repite algunos tópicos provenizelistas de la época sobre la política reformadora del cretense y su éxito a la hora de incrementar el territorio de Grecia tras las Guerras Balcánicas, así como sobre aquellos rasgos que caracterizaban a un buen estadista y diplomático, según ciertos testimonios fiables de aquel tiempo[21] acerca de la gran admiración internacional de la que gozaba Venizelos por la fascinación que provocaba con su "fuerte personalidad" en los foros diplomáticos y entre los grandes estadistas occidentales de entonces: Thomas Woodrow Wilson, por ejemplo, y Lloyd George, primer ministro británico, quien dijo de él que era un "nuevo Pericles", frase que reproduce Clavel[22].

En cuanto a la actividad política, Clavel hace un relato heroico de la iniciación de Venizelos en Creta, sus enfrentamientos con los turcos (por ejemplo, menciona la sublevación de 1897 y cómo salió ileso de un atentado y de un incendio provocado en su casa), cómo dirigió las negociaciones con las potencias occidentales para unir la isla a los destinos de Grecia, así como una descripción del levantamiento de Cériso en 1905, que proclamó la unión de Creta con Grecia y, finalmente, se refiere al llamamiento que le hizo la Liga Militar, que había propiciado el golpe de Estado de Gudí en

---

[20] Kostas Kerofilas (1881-1961), fue historiador, poeta, escritor, traductor, periodista, corresponsal de varios diarios griegos en Roma y en París durante la Gran Guerra. Durante la dictadura del general Metaxás (1936-39) y la ocupación de Grecia por el Eje (1940-44) colaboró con la prensa propagandística filofascista.

[21] Para un testimonio de la época v. Toynbee (1922, ed. griega 2003), p. 92. Arnold J. Toynbee (1889-1975) fue un gran historiador a cuyas cifras de víctimas, extraídas de informes diplomáticos oficiales e internacionales de entonces, haremos referencia más adelante. Toynbee ocupó la cátedra Koraís de estudios griegos en el King´s College de Londres y dimitió por haber publicado dicho libro en marzo de 1922 (The Western Question in Greece and Turkey: A Study in the Contact of Civilisations, Constable and Company LTD. London-Bombay-Sidney). El autor fue corresponsal periodístico en Grecia y Asia Menor antes de la catástrofe griega de 1922 y delegado del gobierno británico en la Conferencia de Paz en París (1919).

[22] Svolópoulos (2009), p. 61.

1909 y que le llevó a la presidencia del Gobierno durante un lustro (1910-1915)[23]. Además, Clavel destaca la "autodefinición" del cretense con respecto a la monarquía, que para el traductor español es una demostración maestra de su política: "Mis críticas sobre la inercia de la realeza han sido consideradas erróneamente como antidinásticas [...] la Asamblea debe ser revisionista [...] colaboraré con los que anhelan elevar a Grecia moral y materialmente al nivel de los Estados modernos", y es muy interesante que el traductor español maneje la bibliografía de su época relacionada con el tema[24].

Tras la referencia anterior, cabría preguntarse si Venizelos era monárquico o republicano. Pero nos parece lógico y correcto plantear esta pregunta al final y dejar al lector interesado la oportunidad de decidir, tras haber leído el texto completo.

A continuación, Clavel destaca los datos de la trayectoria política del cretense hasta el momento de la conclusión de su traducción (mayo de 1916 o 1917, como se ha dicho). Tras las elecciones del 21 de agosto de 1910, derrotada la coalición de los partidos antiguos y con una victoria de las nuevas fuerzas populares, 165 escaños sobre los 360, Venizelos es elegido primer ministro sin que él hubiera presentado su candidatura, sino sus amigos-colaboradores representantes de la nueva clase política y militar que se opuso al antiguo régimen monárquico (1864-1909). Da comienzo así la Asamblea revisionista y ante las trabas de la oposición para implementar las reformas, que Venizelos considera indispensables, se volvieron a convocar elecciones para el 11 de diciembre de 1910. En ellas, su Partido Liberal consiguió 307 de los 360 escaños. Con este arrollador triunfo, que lo completó con nuevas elecciones poco después (el 25 de marzo de 1912, en las que de nuevo consiguió una gran victoria, 146 escaños sobre 181), el cretense comenzó a completar las reformas[25].

Después, Clavel enumera los ejes fundamentales sobre los cuales se desarrolló la política venizelista hasta la Gran Guerra y entre ellos están:

a. La creación de la Confederación balcánica y la ruptura con Turquía (30 de septiembre de 1912).

---

[23] Más sobre datos biográficos y la trayectoria política del cretense en el Anexo. No consideramos oportuno insistir en otros detalles de la introducción de Clavel, como por ejemplo la discrepancia entre el príncipe Jorge de Grecia, nombrado entonces por las potencias alto comisario para Creta (aún otomana), y Venizelos cuando este era primer ministro en la isla y se incorporó a Grecia en 1913.

[24] Por ejemplo, cita a Van den Brule, A.: *L'Orient Hellène. Grèce-Crète-Macédoine*.

[25] Sobre estas reformas v. anexo.

b. Las operaciones militares victoriosas contra el Imperio otomano, durante las Guerras Balcánicas.

c. La Conferencia de Paz de Londres (30 de mayo de 1913) y posteriormente la de Bucarest (28 de julio/10 de agosto de 1913, el Tratado de Bucarest).

d. Y en aquel mismo año, la firma del Tratado con Serbia.

Como consecuencia de lo anterior, concluye Clavel, Grecia incrementó su territorio en un 64% y la población en un 67%, que con el final de las Guerras Balcánicas y de la Gran Guerra, este incremento resultaría aún mayor, como se ha dicho en la introducción y se puede ver en el mapa del Anexo, un gran objetivo y un gran éxito político del cretense. Venizelos fue condecorado por el rey Jorge I con la Gran Cruz de la Orden Real del Salvador, quien mostró su gratitud al rey al devolver a la Corte todos sus cargos militares. La concesión de esta condecoración hay que relacionarla con la declaración de Venizelos favorable a la monarquía, que reproduce arriba el traductor, por tanto, no sobra aquí una explicación: al convencer al rey Jorge de que no era antimonárquico, el cretense pudo establecer con él y con la Corte en general una relación de "absoluta confianza", cuya mejor muestra fue esta condecoración, que venía después de la decisión del cretense de devolver a la Corte todos sus cargos militares y al príncipe heredero, Constantino I, la jefatura del ejército, cargos que el golpe de Gudí les había quitado. Sin embargo, las relaciones entre Venizelos y Constantino se desarrollaron en un clima de gran "desconfianza", lo que alimentó la división nacional, como hemos dicho, y como destaca el traductor, justo pocas líneas después, tras la muerte del rey Jorge en 1913, que Clavel, curiosamente, no menciona.

Cuando comienza a fraguarse la Gran Guerra (el 28 de julio de 1914), Clavel expone la política de Venizelos cuyo plan era el siguiente:

a. Insistir en su posición favorable hacia la Entente y "la necesidad de cumplir fielmente el compromiso contraído con Serbia".

b. Aclarar su rechazo de la propuesta alemana para que Grecia atacara a Serbia.

c. Llamar la atención sobre la compra de cruceros del Imperio otomano a Alemania para aprovecharlos "en una guerra contra Grecia".

d. Dar noticia de la carta de Edward Grey, ministro de Exteriores británico, a Venizelos en la que le propone el apoyo inglés, en caso de la expansión helena en Asia Menor, a cambio de la intervención de Grecia en la Gran Guerra con los aliados.

e. Hacer fracasar el intento del Imperio otomano para formar una nueva liga balcánica con el fin de alterar el resultado de la conferencia de Bucarest.

f. Evidenciar la desconfianza del rey Constantino hacia Venizelos.

g. Y defender la agresión de los destacamentos franceses e ingleses, diciembre de 1916, por su desembarco en Atenas para apoyar el gobierno revolucionario venizelista, que acababa de llegar a la capital desde Salónica.

Clavel destaca que Venizelos desde el principio estaba dispuesto a unirse a la Entente contra Turquía a cambio de garantías contra el peligro búlgaro y neoturco de los que se habla a continuación. El traductor alude a que el cretense propuso ofrecer a la Entente un contingente de soldados griegos, pero los ingleses rechazaron la propuesta y, finalmente, recuerda al lector de entonces que, al decantarse Turquía a favor de Alemania y Austria, Inglaterra declaró la guerra a Turquía y el 5 de noviembre se anexionó Chipre invitando a Grecia a participar en la guerra (enero de 1915), tras el ofrecimiento por parte de E. Grey del que se habla a continuación.

Clavel termina su introducción con estas palabras: "De haber sido otro el rey de Grecia y de haber alentado a los griegos de hoy el soplo heroico de los vencedores de Salamina y Maratón, el paso de Venizelos por la tierra, tal vez hubiera señalado para la Hélade inmortal el esplendor de un nuevo siglo de Pericles". Es muy difícil mejorar esta apología, pero la pregunta que puede hacerse el lector de hoy es: ¿Qué objetivo pudo tener aquel "relato heroico" de la trayectoria del cretense? No cabe duda de que el traductor español admiraba a Venizelos ya que había demostrado ser un gran negociador/ganador diplomático. Hasta aquel momento todo le había salido bien: sus hazañas en Creta, su reforma constitucional, su aventura en las Guerras Balcánicas y el tratado de Bucarest planeado y llevado a cabo por él; todo su liderazgo, en general, era un éxito indiscutible.

A continuación, el prólogo de Venizelos (el lector puede leerlo en el Anexo, ya que "lo dicho, dicho está, y lo escrito queda"[26]), que parece ser exclusivo de la edición española. No tiene fecha y tampoco se indica el origen, pero está escrito en primera persona y se atribuye al cretense porque aparece su nombre al final del texto. Todo ello indica que esta edición y, por supuesto, Vicente Clavel, debieron gozar de la autorización y confianza del cretense, evidencia que el momento era favorable para Grecia y que el cretense era consciente de ello. ¿Cuál era la línea fundamental y la meta

---

[26] Cfr. V.-Cl. pp. 21-23.

("el brillante horizonte") de esta política de la Gran Idea? Era la (ulterior) expansión de Grecia, ya que era la hora para que el país obtuviera "el puesto que corresponde a los griegos [...porque si no] la defección nos volverá a asumir en el terrible letargo". Y, según se entiende, Grecia empezó a despertarse de este letargo desde el momento en que él asumió el Gobierno, en 1910, y "ahora hay que evitar que se apague la antorcha sagrada". Para realizar su plan, Venizelos declara que confía tanto en las "heroicas cualidades de la raza griega como en el apoyo de Francia, Inglaterra y Rusia, cuyas escuadras nos liberaron, después de la gloriosa batalla de Navarino, del yugo ominoso de los turcos (...) y por ellas Grecia consiguió ser un estado organizado [y] libre"[27]. En aquel momento, pues, el cretense daba por reconocida la importancia que tenía para Grecia su doble alianza "defensiva" (tanto con la Entente como con Serbia), ya que, otra vez, su país debía afrontar los dos peligros y enemigos tradicionales el (neo)turco y el búlgaro[28].

En este breve texto, Venizelos reconoce que le han acusado de tener un patriotismo equivocado y de recoger, en el libro que comentamos, sus artículos en *Κήρυξ (Kírix)*[29], sin firma, pero reconociendo su paternidad, sus exposiciones al rey y sus discursos. Pero, sin duda, lo más importante es que lo hace sin necesidad "de tachar ni una sola palabra ni retirar el menor de los conceptos", porque todo ello proclama la sana orientación de su política. Y precisa: "no me arrepiento y no rectifico nada de lo que he dicho en el Parlamento y he escrito a S.M. el rey". Y dice más: "No todos los griegos pueden decir lo mismo". ¿Se comparecían con la realidad estas afirmaciones?

---

[27] La batalla de Navarino (hoy Pilos), octubre de 1827, fue crucial para la Guerra de Independencia de Grecia (1821-1830). Combatieron las flotas otomana y egipcia contra las de Francia, Gran Bretaña y Rusia. El triunfo de esta última alianza condujo a la victoria griega y la formación del nuevo Estado griego en 1830. La mención a Rusia tiene que ver con la opción de los aliados de un régimen internacional en Constantinopla y los estrechos de los Dardanelos con discreta influencia rusa. Además, en mayo de 1914, Venizelos aceptó el plan de Metaxás, jefe de las fuerzas armadas entonces, de una ocupación griega de la península de Galípoli sin la declaración de guerra a Turquía. El estallido de la Gran Guerra frustró el plan.
[28] Los entrecomillados del párrafo corresponden al prólogo de Venizelos, p. 22.
[29] Sobre *Kírix* v. cap.1, punto 1.1.

1.2.2. *Los capítulos*

Capítulo I.- "Lo que le dije al rey Constantino XII" (pp. 25-39). Contiene el pensamiento de Venizelos sobre la situación en la que se encontraba Grecia en aquel momento expuesto en dos memorias, la primera presentada a Constantino I el 11 de enero de 1915, (pp. 25-32), y la segunda entregada al rey el 17 de enero de 1915, (pp. 32-39). Que Venizelos escribiera Constantino XII y no Constantino I tiene una intención política que comentaremos más adelante. Una tercera memoria fue presentada al rey el 17 de febrero / 2 de marzo, aunque se dio a conocer veinte años después. En ellas Venizelos argumenta en torno a cuatro ejes: el cambio de la situación internacional, la existencia del tratado greco-serbio, la posición beligerante o no de Bulgaria y, por consiguiente, la posibilidad de extender el territorio griego a cambio de concesiones a Bulgaria, según la propuesta Grey, y defendió que la política de neutralidad mantenida hasta entonces por Grecia debería cambiar porque en este momento "somos llamados a tomar parte en la guerra", por el deber moral de ayudar a Serbia, "si no queremos faltar a nuestros compromisos de aliados, y a cambio de compensaciones que harán de Grecia una nación grande y poderosa".

Capítulo II. "Mis campañas parlamentarias" (pp. 41-193). Son discursos pronunciados en las sesiones históricas del Parlamento heleno entre octubre y noviembre de 1915, que contienen la posición política de Venizelos ante el tratado con Serbia y la defensa que hizo de su postura política a medida que avanzaba el conflicto armado. En los discursos, y a modo de índice, trata los siguientes temas: El tratado greco-serbio. El peligro búlgaro. Grecia, la Entente y los imperios centrales. La expedición de los Dardanelos y política interior.

Los discursos que están acompañados de ladillos y a veces de subtítulos, que no se reflejan en el citado índice y que, seguramente fueron introducidos por alguno de los traductores, americano o español, están organizados por sesiones. La sesión del 21 de septiembre/4 de octubre de 1915 contiene tres discursos, (pp. 41-102). La segunda sesión se desarrolló durante el 28 de septiembre/11 de octubre de 1915 (pp. 105-121) y la tercera sesión, que contiene dos discursos (pp. 122-193) se desarrolló durante el 21 de octubre/3 de noviembre de 1915. Este capítulo acaba con el texto del "Tratado greco-serbio" (pp195-196).

La primera campaña parlamentaria corresponde a una "tormentosa" sesión de cuatro discursos: los tres primeros tuvieron lugar en la noche del 21 al 22 de septiembre de 1915 (Venizelos era primer ministro) y el cuarto lo pronunció el 28 de septiembre de 1915 (Venizelos era jefe de la oposición y sustituido por Zaimis)[30]. En los tres primeros el cretense apoyó abiertamente la intervención de Grecia en la Guerra; y en el cuarto del 28 de septiembre, explica su política exterior y las cuestiones nacionales, según demuestran los subtítulos y ladillos como, por ejemplo: La "Cuestión de las concesiones", el "Respeto a las convenciones", el "Equilibrio balcánico" en relación con el "Tratado greco-serbio", la "Movilización búlgara", etc. (v. todo ello en el punto 6.2.11. índice del libro de Venizelos). Con los mismos conceptos y con argumentación complementaria volverá el cretense con sus tres discursos de la sesión del 21 de octubre[31], es decir, las diferencias entre liberales-venizelistas y filomonárquicos-antivenizelistas siguen siendo las mismas, si no más profundas en lo sustancial.

Capítulo III. "Manifiesto al país". Previo a las elecciones del 19/12/1915, que se fecha en Atenas el 8/21 de noviembre 1915 (pp. 197-203). En él explica las razones que abalaban su consejo al Partido Liberal para que se abstuviera de participar en esas elecciones.

Aquel manifiesto, escrito y firmado por Venizelos el 8 de noviembre de 1915, se publicó al día siguiente, lunes, 9 de noviembre 1915, en el diario venizelista, Πατρίς (Patrís - Nación)[32]. En él aconsejó a su partido la abstención en las elecciones extraordinarias del 6/19 de diciembre. Unía así el destino de Grecia al resultado de la guerra en Europa, describía lo que, en su opinión, era una vulneración de la Constitución y explicaba por qué el resultado electoral sería un fraude (como veremos seguidamente). Si a partir de septiembre de 1915 las relaciones políticas entre el rey y Venizelos estuvieron muy deterioradas por el nombramiento de Zaimis como primer ministro, ahora se ahondaron por su nueva dimisión y sustitución por Gúnaris, en su retirada del Gobierno con el nombramiento de Stéfanos Skouloudis, banquero, político y mecenas de obras de arte, y más tras la disolución de la Cámara y la convocatoria de las nuevas elecciones del 6/19 de diciembre, en las que los partidarios de Venizelos se abstuvieron.

Capítulo IV. "Mis campañas de prensa" (pp. 205-233), corresponde a los artículos publicados en Kírix entre abril y mayo de 1916, dónde vuelve

---

[30] En cada ocasión citamos de qué discurso se trata, con la fecha entre paréntesis, el subtítulo si hay y la página.

[31] Entre comillas en este párrafo y el siguiente van los subtítulos de los discursos acompañados, por motivos sintácticos y semánticos, de alguna frase de Venizelos.

[32] Para el manifiesto v. Ibid. capítulo III p. 197-203. Sobre el diario, cfr., Cap. 1. y Anexo "Imágenes" y "Manifiesto al país".

a expresar su pensamiento político y las razones que lo sustentaron. Venizelos apoyó y aclaró aún más y por escrito, su(s) "manifiesto(s)" político (s). Por estas razones escribió en su *Κήρυξ* (*Kírix*) cinco artículos: "Monarquismo y revolucionarismo" en mayo, y los demás en abril: "Déspotas y espías", "Por qué no hago la revolución", "Un despacho cifrado de E. Grey", "Replicando al rey" y "Grecia pudo salvar a Serbia".

Epílogo (pp. 235-246) con opiniones sobre Venizelos recogidas, según la nota del traductor, en Kerofilas, C.: *Un homme d'État. E. Venizelos. Sa Vie - Son Oeuvre*. París, Editions de l'Imprimerie d'Est, 1915, y la del periodista español Enrique Fajardo Fernández, pseudónimo de Fabián Vidal, publicada en la Rev. *Español*, 17 de mayo de 1917. Y, finalmente, el Índice (p. 247)[33].

1.3. *Alguna observación más sobre edición española*

Esta edición, Venizelos-Clavel, *Grecia ante la Guerra Europea*, abarca el periodo de la historia de Grecia que va desde enero de 1915 (primera memoria de Venizelos al rey) hasta el mayo de 1916 (último artículo de Venizelos publicado en *Kírix*). En estos escritos el gran estadista cretense expone su postura y su "verdadera luz" (según el subtítulo de la edición americana), aunque a este periodo también le han llamado "gran ruptura y/o ceguera nacional" para evitar definirlo como guerra civil, aunque, a posteriori, en 1923, tras el fin de la conferencia en Lausana, cuyo tratado negoció y firmó el cretense, fue él mismo quien definió este periodo como "de guerra civil" en un telegrama al Gobierno de Atenas (v. en el cap. 3, punto 3.4.). En todo caso, las raíces de este cisma o guerra civil, se encuentran en la guerra greco-turca de 1897, en la que el ejército griego fue derrotado y aplastado por el turco en la Grecia continental. Según esta interpretación, en aquella época se abrió el proceso político de la ruptura nacional, que continuó, en la catástrofe de 1922, pero sin terminar definitivamente[34].

Dicho cisma corrió paralelo a la redacción-traducción y edición del libro V.-Cl. comenzó a principios de 1915, maduró en el otoño del mismo año y culminó un año después, otoño de 1916, con la existencia de dos gobiernos, uno monárquico-conservador en Atenas y otro venizelista y "revolucionario" en Salónica. Luego continuaría en todo el periodo de entreguerras hasta la ocupación "nazi-fascista" de Grecia durante la Segunda

---

[33] La extensa estructura del libro se puede ver en el Anexo: Estructura del libro de Venizelos, *Grecia ante la guerra europea*.

[34] V. Yanoulópoulos (2003) y Skopetea (1992).

Guerra Mundial (1940-44), periodo en el que se enfrentaron la Resistencia antinazi y antifascista con el Colaboracionismo filonazi, filofascista y antisemita; seguiría durante la Guerra Civil (1946-49, "el segundo cisma nacional"), y llegaría hasta la dictadura de los coroneles (1967-1974), para terminar, finalmente, con la Transición. Y en todo este periodo se enfrentaron no solo el filocomunismo con el anticomunismo, sino también el racismo con el antirracismo social, o bien "el helenismo con la grecidad", es decir, las dos identidades, la de los autóctonos con la de los refugiados del Asia Menor (los llamados refugiados del 1922 o refugiados *micrasiates*) y los refugiados políticos posteriores. Lo cierto es que fue un enfrentamiento no solo de las élites políticas, sino también de las bases, y por ello quedó involucrada horizontal y verticalmente toda la clase política, social y económica. No se pueden calcular con certeza el número de víctimas (por bombardeo, sitio, batalla, enfrentamientos callejeros), pero en ningún caso entre muertos y heridos superaron unas decenas o como máximo alguna centena[35].

Pero ahora la pregunta es: ¿Qué pudo motivar a Clavel para realizar esta traducción y qué interés podía tener para su editorial y para los españoles la publicación de un libro venizelista escrito y publicado por primera vez en Estados Unidos? La contestación quizá haya que buscarla en el paralelismo de la situación política entre Grecia y España a caballo entre siglos y al estallar la Gran Guerra. Frente a ella, España también se dividió, aunque su división en aquel momento no provocó una "guerra civil latente" como en Grecia, según veremos en este libro.

El libro de Venizelos-Clavel se publicó durante los gabinetes de Eduardo Dato Iradier, conservador (27 de octubre de1913 a 9 de diciembre de1915) y Álvaro de Figueroa Torres, conde de Romanones, liberal, (9 de diciembre de 1915 a 19 de abril de 1917). Y dada la repercusión ciudadana, mediática e intelectual y las similitudes y coincidencias entre ambos países no es de extrañar que Vicente Clavel tradujera el libro del que tratamos, en el que Venizelos se muestra contrario al germanismo, y se añadiera a las muchas publicaciones que aparecieron. Y aún más, sabiendo que fue amigo de Vicente Blasco Ibáñez, varias veces diputado de convicciones republicanas que, en el comienzo de la Gran Guerra, se encontraba en París desde donde describió y publicó día a día desde 1914 en *El Pueblo* su obra

---

[35] V. Álvarez de Frutos-Filippís (2017). Sobre la imagen de una nación debilitada y partida en dos, v. para el periodo entre guerras Papadimitriou, D. (2012) y para la posguerra Dordanás-EAP (2024). Sobre la gran división como guerra civil, v. Mavrogordatos (2015), pp. 270-318.

Historia de la guerra europea y, además, visitaba el frente con frecuencia y participó en actividades de propaganda en favor de los aliados: "Los cinco años de la última guerra los pasé en París trabajando por Francia y sus aliados. Fui un soldado de la pluma", dejó dicho[36].

Por tanto, Clavel, como ahora el lector y erudito lector de entonces, debieron de encontrar similitudes suficientes con Grecia para que tuviera interés en España la publicación de su traducción. Similitudes y diferencias que el lector podrá leer en los últimos capítulos de este trabajo y después conocer más profundamente los acontecimientos en Grecia a través de la exposición que hace Venizelos, de nuestros comentarios y la reflexión propia de cada lector.

Nuestra aproximación al libro y su lectura crítica por nuestra parte, según creemos haber hecho, tiene una clara intención histórica, es decir, pretende que quede constancia del pensamiento político del cretense, de las razones que tuvo para decidirse por las acciones políticas que tomó y las consecuencias que, conocido el desarrollo de la Guerra, avalaron esas decisiones. Lo cierto es que, a través de esta selección, quedan claros los temas y dilemas que se plantearon en aquel entonces, es decir, las relaciones internacionales de Grecia y su intervención o no en la Gran Guerra al lado de uno u otro grupo de las potencias rivales los aliados de la Entente –Francia, Inglaterra e Italia–, por una parte, y los aliados de las fuerzas centrales – Alemania, Austria, Hungría, Bulgaria y Turquía–por otra, y por consiguiente, las relaciones entre las dos máximas autoridades del Estado: el rey Constantino I y Venizelos, como primer ministro o jefe de la oposición.

Los dos protagonistas-rivales discrepaban tanto respecto al dilema anterior, que se centraba en la participación o no de Grecia en la Guerra junto a las potencias de la Entente, a cambio de compensaciones territoriales,

---

[36] Según alguna versión, escribió *Historia de la guerra europea de 1914* por encargo del presidente Poincaré. La Historia de la guerra fue publicada originalmente en Valencia, Prometeo, entre 1920 y 1930, y ha sido reeditada en formato abreviado por José Manuel Lechado (2014). En <https://laslecturasdeguillermo.wordpress.com/2014/07/04/cronica-de-la-guerra-europea-1914-1918-de-vicente-blasco-ibanez-editada-por-jose-manuel-lechado/> 2022. Dos años después publicó la novela Los cuatro jinetes del Apocalipsis (1916), y en 1918 en EE.UU. con gran éxito, primera de la trilogía sobre la Gran Guerra junto con: Mare Nostrum (1918) y Los enemigos de la mujer (1919) y ocho cuentos que completan el ciclo sobre la guerra. En Nóvikova, E.: "La oposición germanismo / humanismo en la novela de V. Blasco Ibáñez *Los cuatro jinetes del Apocalipsis* y el cuento de l. N. Andréiev *El káiser y el prisionero*. En la Biblioteca virtual Miguel de Cervantes se puede leer una breve biografía de Vicente Blasco Ibáñez: <https://www.cervantesvirtual.com/portales/vicente_blasco_ibanez/autor_biografia/> 2022.

y en la "debida actitud" hacia Serbia en virtud de un tratado greco-serbio de carácter defensivo, como en cuestiones constitucionales acerca de la forma del Estado, monarquía o república y la interpretación de la Constitución respecto de los poderes políticos de ambos. Alrededor de estos dilemas fundamentales surgió otra gran cuestión "de existencialismo nacional", es decir, la salvación del helenismo en Asia Menor, en los Balcanes, en Chipre (protectorado británico desde 1914) y en el Dodecaneso (bajo dominio italiano desde 1911).

CAPÍTULO 2

LUZ SOBRE UNA CEGUERA

Antes de empezar con la lectura del libro Venizelos-Clavel, que describe el proceso de la "gran ruptura nacional", recordemos muy brevemente los hechos y veamos cuál era la situación de Grecia.

2.1. *Un telegrama para las dos Grecias*

Como se ha dicho, tras las Guerras Balcánicas y el tratado de Bucarest (1912-1913), Venizelos, primer ministro, y Constantino I, príncipe (hasta 1913) y después rey, gozaban tanto de una simpatía mutua como del aprecio popular. Todo cambió con la declaración de la primera Guerra Mundial en julio de 1914.

Se trató de una gran ruptura política entre el rey y los monárquicos, por una parte, y Venizelos y los venizelistas, por otra. Todo comenzó en 1915 por las diferencias respecto de estas dos tendencias: la política "favorable a la neutralidad con Serbia" de Venizelos, que se opuso a la "neutralidad continua" de Yorgos Streit, estrecho colaborador y ministro del rey. Sin embargo, y a pesar de este enfrentamiento, en el marco de la I Guerra Mundial, el Gobierno y el Ejército serbios estuvieron instalados en Corfú durante tres años, junto con escuelas y otras instituciones. El Gobierno se alojó en el hotel Bella Venezia y ejercía sus funciones desde el Teatro Municipal de la isla. Los serbios llamaron a Corfú "la isla de la salvación", y hoy alberga la Casa de Serbia, un pequeño museo y un cementerio que recuerdan aquellos tres años de presencia serbia. Cuando Venizelos estuvo frente al dilema de abandonar el acuerdo greco-serbio declaró: "Grecia es un país muy pequeño para cometer tan gran injusticia"[1].

El enfrentamiento continuó con motivo de la diferente posición que cada uno de ellos adoptó sobre la participación o no de Grecia en la Gran Guerra. A este y a otros argumentos, ya dichos, se unió la diferencia acerca de cómo debía ser Grecia como país: un fuerte Estado balcánico sin

---

[1] En: <https://www.corfuhistory.eu/?p=1307> octubre, 2016.

expansión en Asia Menor occidental con concesiones en Macedonia, tesis que también defendía Ioannis Metaxás (el posterior dictador, 1936-1940) que, en aquel entonces, era consejero militar de Venizelos y jefe del Estado Mayor y, por tanto, apoyaba aún al cretense; o bien un Estado fuerte de los "cinco mares y los dos continentes", tesis de Venizelos, su "Gran Idea"[2], es decir, un proyecto político expuesto por Ioannis Koletis en 1844.

Nada más empezar la guerra, la Entente trató de captar a Turquía y Bulgaria para su alianza, cuyos intereses geoestratégicos y económicos coincidían más con los de los imperios centrales a cambio de concederles territorios que inevitablemente deberían proceder de aquellos a los que también aspiraba Grecia, cuya posición en el tablero de ajedrez de la guerra no estaba obligatoriamente a favor de los aliados, aunque, hasta entonces, estos habían apoyado directa o indirectamente a Venizelos, con la excepción de Italia (la cual poseyó el Dodecaneso tras la guerra ítalo-otomana de 1911-12). Frente a esta situación el cretense se vio obligado a plantear verdaderas batallas diplomáticas para conseguir dar la vuelta a aquel proceso que hubiera podido poner en peligro su gran éxito político, militar y diplomático, es decir, la duplicación del territorio de Grecia tras las dos guerras balcánicas, entonces muy recientes (1912-13), y el acuerdo de Bucarest (1913), (v. mapa en Anexo).

La adhesión de la Sublime Puerta a la alianza de las fuerzas centrales (noviembre 1914) facilitó, de momento, la tarea de Venizelos que se apresuró a prometer a sus aliados la participación de Grecia en la campaña de los Dardanelos, una decisión que rechazó el rey Constantino, muy popular entre la mayoría de los oficiales y soldados por su valentía militar y estratégica durante las Guerras Balcánicas, y "proalemán". Discrepancia que dio inicio a la división nacional, como se ha dicho.

En este marco, el 23 de enero de 1915, sir Edward Grey, ministro de Exteriores británico, envió un telegrama a Venizelos[3] en el que le quiso comunicar "extraoficialmente" y hacerle partícipe de la visión de Grey sobre la situación y la posición que debería adoptar Grecia. Obviamente, E. Grey daba prioridad al cretense para que este gestionara, según le conviniera, cómo poner al día al rey y comentarle la propuesta británica, que se concretaba en:

---

[2] Gran Idea / Μεγάλη Ιδέα (Megali Idea), se trata de la ideología nacionalista que proponía la recreación del Imperio bizantino.

[3] Publicado en *Kirix*, abril de 19.

a. Con el entonces inminente ataque de Austria a Serbia, Grecia debía colocarse en calidad de "aliada" de Serbia. Si esto sucedía tanto Francia como Rusia le garantizaban a Grecia "concesiones" territoriales en Asia Menor y cualquier "proposición que formulara" Grecia sería acogida favorablemente.

b. Urgía que Grecia tomara la posición indicada porque si Serbia era vencida veía "difícil, si no imposible", que ambas "obtuvieran resultados tan favorables como los que se les ofrecían".

c. La participación de Grecia y Rumanía en la guerra "aseguraría la derrota de Austria" y alcanzarían "sus aspiraciones".

d. Sería "muy de desear" para que esta participación resultara eficaz, que Bulgaria recibiera la seguridad de que, si llegaran a cumplirse las aspiraciones de Serbia y de Grecia, se le harían concesiones territoriales en Macedonia a condición de participar en la guerra contra Turquía, o al menos, de no conservar una neutralidad sospechosa en el caso de que no se decidiera a combatir activamente junto a Serbia.

2.2. *Memorias contra la pequeña política*

Tras conocer el contenido del telegrama, que ya había comentado al rey, Venizelos presentó al monarca las dos primeras memorias 11/24 y 17/30 de enero de 1915 donde expone su opinión y pronostica que, si Grecia no participa en la guerra y se mantiene neutral, como hasta entonces, estará expuesta a peligros que analiza y enumera al tiempo que formula preguntas a las que el rey no podía contestar con certeza:

a. Si Serbia fuera invadida por los austro-alemanes, ¿se detendrían ante las fronteras macedónicas de Grecia? ¿No se sentirían impelidos a marchar sobre Salónica?

b. Si Austria renunciara a establecerse en Macedonia, ¿no lo intentaría Bulgaria?

c. Y si esto sucediera, ¿permitirá Grecia que se rompa el equilibrio balcánico en provecho de Bulgaria que podría atacar a Grecia, ya sin aliados? Si Grecia aplaza su decisión, Serbia será aplastada y entonces, será ineficaz la ayuda de Grecia y, aún en caso de victoria, Grecia no conseguirá la compensación que le ofrecían las potencias de la Entente.

d. Y finalmente, ¿en qué condiciones debería participar Grecia en la guerra?

Con respecto a esta última y fundamental pregunta, Venizelos creía que lo deseable sería una "alianza de todos los pueblos cristianos de los Balcanes", aunque reconoce que para lograr esta alianza balcánica, Grecia tendría que hacer cesión de territorios serbios a Bulgaria lo que rompería el equilibrio balcánico alcanzado en el tratado de Bucarest, pero lo justifica por el cambio de situación y porque, en su opinión "es improbable que vuelva a presentarse una ocasión como la que se le ofrece a Grecia que permita al helenismo llegar a su completa restauración nacional".

Añadió Venizelos otras dos condiciones: asegurar la colaboración de Rumanía, porque sin ella sería peligrosa la intervención en la guerra por la codicia territorial de Bulgaria y que la Entente prometiera entregar a Grecia el dinero necesario para los gastos de la guerra y facilitara los aprovisionamientos militares en los mercados.

Estas condiciones propuestas por el cretense no se desarrollaron según sus deseos. Rumania comunicó su negativa a cooperar militarmente si Bulgaria no participaba en la guerra, aunque admitiría una declaración de neutralidad de Bulgaria en el caso de una cooperación greco-rumana en favor de Serbia, que Venizelos vio improbable poder conseguir. Y a la hora de la redacción de su segunda memoria, Rumanía ya se había negado a intervenir en la guerra. Pero es importante destacar que el Estado Mayor consideró que no había una garantía absoluta de cooperación greco-serbia-rumana si Bulgaria permanecía a la expectativa, aún tras una declaración de neutralidad, porque la violaría apenas se le presentara la ocasión. En todo caso, lo cierto es que, como veremos más adelante, Venizelos nunca tomó en consideración la opinión de los militares y mostró su extrañeza ante la actitud de su Estado Mayor y de su jefe, Ioannis Metaxás. Este en su informe personal al rey, "al descubrir él [el rey] también de repente el Asia Menor" admitió que, aunque sentía atracción por las consideraciones anteriores, temía la dificultad que entrañaba administrar nuevos territorios de tan gran extensión y el mayor agotamiento que el de los búlgaros por la participación activa en la guerra[4].

Aparece ya, y muy profunda, la ruptura en el ejército entre los oficiales sostenedores de la política de la pequeña Grecia y los de la política "de expansión y de no concesiones" de la Gran Grecia. Venizelos reconocía las dificultades en el ámbito militar, pero no creía que pudieran llevar a Grecia a abandonar la realización de los ideales nacionales, porque el conjunto de "los resultados obtenidos por la administración helénica en Macedonia,

---

[4] Svolópoulos (2009), p.48.

probaba que, a pesar de las numerosas dificultades, no era obra que estuviera más allá de las fuerzas de Grecia y del helenismo"[5].

En cuanto a las concesiones necesarias, manifestó que podrían extenderse hasta la parte derecha del río Vardar si Bulgaria accediera a la neutralidad, pero si no fueran suficiente para atraer a Bulgaria a la cooperación, Venizelos jugó otra carta y se mostró partidario de sacrificar Kavala, Drama y Serres, como precisará repetidamente en sus discursos también, si con ello se podía salvar el helenismo en Turquía y asegurar la creación de una Grecia grande, "que comprendería casi todos los países sobre los cuales ha ejercido su acción el helenismo durante su larga historia y a través de los siglos"[6]. Para Venizelos el cálculo era claro: propuso, "con doloroso pesar", conceder una superficie de 2.000 km^2 a cambio de una probable compensación de unos 125.000 km^2 en Asia Menor. Respecto de la población que cedería Grecia ascendía a unas 30.000 almas, mientras que la del Asia Menor reivindicada era de 800.000, veinticinco veces mayor. Tampoco la riqueza de los territorios era comparable y, además, a estos beneficios habría que añadir, según Venizelos, la regularización etnológica y la realización de una confederación balcánica o una alianza de estos Estados, a cambio de mutuas garantías. Esto permitiría a todos los Estados que se dedicasen a su desenvolvimiento económico sin ser absorbidos por la reorganización militar.

Estas concesiones se harían si la Entente garantizaba los bienes de los habitantes de esos territorios que quisieran emigrar a Grecia y la creación de una convención que permitiera canjear las poblaciones griegas de más allá de los límites de la nueva Bulgaria, por las poblaciones búlgaras comprendidas en el interior de las fronteras de Grecia. Los bienes de estas poblaciones serían rescatados recíprocamente por ambos Estados. El intercambio de poblaciones y el rescate de los bienes se harían por dos comisiones compuestas de cinco miembros representantes de Inglaterra, Francia, Rusia, Grecia y Bulgaria y la ejecución de todas estas condiciones precedería a la concesión efectiva por parte griega del puerto de Kavala. Otra vez, como en el caso de su similar propuesta de 1914 al Imperio otomano, Venizelos "anticipaba" la solución del intercambio de poblaciones que se realizaría diez años después con el Tratado de Lausana.[7]

---

[5] V.-Cl. p. 37.

[6] 2º discurso del 21 de octubre, "Política de expansión no de concesiones" que Venizelos reitera en varias ocasiones.

[7] Sobre este tema del cambio de poblaciones v. Anexo, texto, "Los neoturcos, las primeras

En este punto es importante evidenciar dos detalles. Primero, la idea de las concesiones era algo "anticuada", según resulta de su tercera memoria al rey (17 de febrero de 1915), publicada por Georgios Vendiris, director del diario venizelista Πατρίς / Nación, tras el mes transcurrido entre la segunda y la tercera memoria, que fue muy intenso en acontecimientos. Bulgaria declaró su disposición a aliarse con Alemania y, por tanto, por el peligro búlgaro Venizelos contestó a los aliados con su duda a intervenir en la guerra, pero los aliados habían asumido el compromiso de proteger a Grecia de Bulgaria y enviaron fuerzas armadas a Salónica (24 de enero)[8]. Tanto en ella como en otro momento, Venizelos insistió en la idea de alejar a Bulgaria de los territorios griegos, una razón más para que Grecia participara en la campaña de los Dardanelos y, por tanto, en la Gran Guerra:

> " ... alejar a Bulgaria del mar Egeo es mucho más conveniente e interesante en este momento histórico que en 1912 y que en el comienzo de la guerra, porque se ha revelado tal la eficacia del arma submarina, que si Bulgaria continúa teniendo tres puertos en el mar Egeo, Porto Lago, Makri y Dedeagatch, tendrá tres bases que le permitirían, en caso de guerra contra nosotros y con una docena de submarinos escasamente, hacer muy difícil, muy peligrosa y muy lenta la concentración del ejército griego, particularmente del continente a las islas, ... [pero] de sernos favorable el resultado de la guerra, haríamos retroceder a Bulgaria hasta sus antiguos límites, ocupando nosotros toda la Tracia búlgara y el valle de Strumnitza; de manera que las fronteras de Beles las transportaríamos al monte Male"[9].

Venizelos propuso estas concesiones y el recíproco intercambio de poblaciones balcánicas por lo menos un año antes de la segunda ocupación búlgara de la Macedonia oriental (1916-18), durante la cual fueron muy perjudicadas las regiones de Kavala y Serres, que sufrieron una verdadera crisis humanitaria de abastecimiento (6.000 muertos solo en la región de Kavala), mientras que otros miles se vieron obligados a exiliarse a Bulgaria.

---

persecuciones y la cuestión del Asia Menor".
[8] Georgios Vendiris en 1931, periodista, historiador y amigo íntimo de Venizelos, publicó la carta en su libro Grecia de 1910-20, que gozó de muchas reediciones. Sobre esta tercera carta, v. a continuación.
[9] V.-Cl. pp. 183-184.

¿Venizelos presintió el peligro, un año antes de esta maniobra diplomática? No hay respuesta, claro, pero la pregunta se hace inevitable. Lo cierto es que el cretense intuía y reconocía que una vez exiliadas de su tierra las comunidades griegas, sería difícil, si no imposible, la vuelta a sus hogares y sus poblaciones sufrirían todas las consecuencias, aunque Grecia permaneciera neutral. Por tanto, ¿tenía o no razón el cretense al insistir en la intervención directa en la Guerra para que hiciera frente, en aquel momento por lo menos, al peligro búlgaro? Puede parecer fácil dar una respuesta a posteriori, pero lo cierto es que en aquel momento cierta prensa filomonárquica tachaba al cretense como un "amante maniaco" de Bulgaria por las "concesiones venizelistas" a ese país, que desde luego nunca hubo. La acusación llegó, como veremos enseguida, de la mano de Dimitrios Gúnaris, filomonárquico independiente, sin partido entonces, primer ministro después, que aprovechó la ocasión para aparecer como líder antivenizelista tras hacer referencia a aquellas memorias, aún secretas, lo que obligó a Venizelos a publicarlas. En todo caso, no solo no hubo concesiones a Bulgaria ni entonces ni después, sino que a continuación con el Tratado de Neuilly (1919), otro éxito de Venizelos, como veremos más adelante, fue establecida definitivamente la frontera entre Grecia y Bulgaria[10].

A este análisis de posibilidades se une la pérdida definitiva de la población helénica de Asia Menor porque, si la Entente obtuviera con Grecia neutral la victoria, se repartirán el Asia Menor y darían participación a Italia, y si vencieran Alemania y Turquía, los 200.000 griegos expulsados de Asia Menor (1912-1914) como consecuencia de las Guerras Balcánicas, perderían la esperanza de volver a sus hogares. Por tanto, para Venizelos la primera prioridad seguía siendo la de evitar otras expulsiones, defendiendo y reforzando el helenismo allí donde existiera. En este sentido, hace una serie de consideraciones sobre cómo utilizar las fuerzas militares en el continente y en Asia Menor, una proyección favorable a Grecia del comportamiento de los habitantes turcos, otra proyección respecto de cómo se comportaría Bulgaria y, por último, cree que les daría "la tranquilidad de conciencia que reporta el haber luchado por libertar a nuestros connacionales, todavía sometidos a la servidumbre y expuestos a los mayores riesgos, y haber luchado por los intereses generales de la humanidad y por la independencia de los pequeños pueblos que pondría en peligro una hegemonía germano-turca"[11].

---

[10] Stefanou (1982), p. 53.
[11] V.-Cl. p. 32.

Lo que propuso en su tercera memoria está también claro. Según los puntos esenciales enumerados en ella, Grecia debe[12]:

a. Intervenir en la campaña de Galípoli al lado de Inglaterra, "la más fuerte de todas las potencias, cuyos intereses en la cuenca del Mediterráneo se identifican absolutamente con los de Grecia", y por tanto, "los intereses griegos siempre estarán hacia cualquier coalición probritánica como es ahora la Triple Alianza".

b. Mantener a raya el peligro búlgaro reforzando su alianza con Serbia frente a la alianza búlgaro-alemana.

c. Apoyar un estado de internacionalización de Constantinopla y los estrechos, que por ahora es la mejor solución.

d. Encontrar la manera de que le garantizaran a Grecia los territorios *micrasiaticos* prometidos en caso de victoria alidada.

e. Tratar de resolver a su favor las cuestiones de todas las islas del mar Egeo, sin excluir la posibilidad de incorporar a Chipre.

f. Buscar ayuda económica y los préstamos necesarios que le ayudaran a regresar su economía a la normalidad.

g. Defender con eficacia el helenismo *micrasiaticó* y

h. resolver el problema de la repatriación de los hasta entonces refugiados, que desearan volver a sus hogares de nacimiento en Asia Menor. "Vana esperanza" de volver a su tierra, como se demostraría finalmente, en la que insistía la gran mayoría de los refugiados por las expulsiones de todo aquel periodo (1914-1923), que supuso para Grecia, en aquella época, grandes consecuencias políticas, sociales y sobre todo económicas[13].

Es interesante revisar brevemente la corta referencia del cretense al ámbito económico que hizo en las tres memorias. Si Grecia fuera vencida en el terreno económico, dice, "no podríamos esperar ningún apoyo real de los extranjeros", por lo que recomienda "que Grecia labore sin descanso para convertirse en un Estado independiente y capaz de defenderse contra sus enemigos; esto es para ella cuestión de vida o muerte". La palabra vencida puede resultar excesiva, pero el Estado griego no consiguió la ayuda de las Potencias para financiar su deuda por los gastos de las

---

[12] La tercera memoria, cfr. Stefanou (1982), pp. 71-74.
[13] Sobre esta cuestión, más en el cap. 3 y el Anexo.

guerras y, como veremos, en 1922 devaluó la moneda mediante la división de la dracma[14].

La lectura de este capítulo junto con la del artículo periodístico "Replicando al rey" (de abril 1916), lo deja muy claro, en la imaginación política del cretense estaba la idea de conceder lo mínimo posible y obtener lo máximo, pero al tiempo, como reconoce la dificultad de sus maniobras habla de intercambio de poblaciones en el momento en que su política de expansión está a punto de decaer, en parte por los neoturcos y búlgaros y en parte por el cambio del marco internacional, porque Venizelos sostenía estas tesis cuando:

> "las potencias estaban dispuestas a recompensar largamente nuestra pequeña concesión en la Macedonia oriental —consentida para asegurar la cooperación búlgara— aumentando sensiblemente las 'muy importantes concesiones territoriales' que estaban dispuestas a reconocernos, cuando no nos pedían que hiciéramos ninguna cesión a Bulgaria".

Además, añade en el artículo "Replicando al rey":

> "También sabía que, en aquella época al menos, las pretensiones griegas en Asia Menor no se oponían a las reivindicaciones de ninguna de las potencias de la Entente, y esto me permitía creer que si no se interrumpía la obra y me dejaban completarla, hubiera asegurado tal engrandecimiento de Grecia en Asia Menor, que se nos ofrecerían los medios para crear, con el tiempo, un Estado grande, poderoso y próspero. El Estado griego llegaría a ser fuerte y rico, aunque las concesiones en Asia Menor no comprendieran más que el vileyato de Aïdin, cuya superficie es mayor que la de la antigua Grecia y cuya riqueza es incomparablemente más grande"[15].

Y al tiempo, rechazaba la política de la pequeña Grecia. Con las memorias, como después con los discursos, preanuncia su "gran política y la aventura diplomática posterior en Asia Menor". Otro tema es si este decayó por la división nacional y también por "gran culpa" del cretense, que él mismo admitió en cierto momento como explicaremos y según apoya cierta historiografía no menos fiable...

---

[14] V. cap. 3.
[15] Cfr. V.-Cl. pp. 217-218.

2.3. *"Un día me llamarán traidor": episodios nacionales entre memorias y discursos*[16]

En un primer momento el rey Constantino aceptó las propuestas de las memorias venizelistas y reconocía que su primer ministro tenía razón. Más precisamente, con respecto a la tercera memoria parece que el rey se entusiasmó. Quizá se imaginó a sí mismo entrando triunfador en Constantinopla como Constantino XII, según el mito que se había creado en torno a su persona (casi "un caudillo invicto") tras las victorias griegas en las Guerras Balcánicas.

Pero el rey se cruzó con el jefe de las Fuerzas Armadas, Ioannis Metaxás, al salir de su despacho, quien le dijo que dimitiría por no estar de acuerdo con el plan. Venizelos regresó al despacho real y pidió que se convocara el Consejo de la Corona en el que participaban los jefes de los partidos y los antiguos primeros ministros. Mientras tanto, por una parte, Inglaterra y Francia se vieron obligadas a tener en consideración la negación de Rusia que, por sus motivos, no quería a la Grecia ortodoxa y su Patriarca en Constantinopla en los estrechos y, al tiempo, el rey Constantino se veía obligado a tener en cuenta el disgusto de su cuñado, el Kaiser alemán, por el eventual acuerdo entre Grecia y los aliados. Era 21 de febrero cuando el rey anunció a su primer ministro que, tras un "pensamiento maduro" no podía aprobar la empresa en los Dardanelos.

El cretense dimitió y aconsejó la formación de un gobierno de administración por decreto ley. El rey puso un gobierno de su confianza presidido por Dimitris Gúnaris, al que acabamos de hacer referencia, por haber dado a conocer las dos memorias de Venizelos. El cretense se ve obligado a defenderse y publicó las dos memorias y a aclarar que el rey estuvo de acuerdo. Gúnaris lo desmintió y por supuesto mintió. El cretense llamó al rey para que dijera la verdad, pero el monarca calló y Nicólaos Politis, colaborador íntimo del cretense, reprochó a Venizelos la inoportunidad de dejar por escrito su política. Según la historiografía venizelista, el cretense le contestó que no se arrepentía dado que lo hizo para que quedara bien grabado "que él usó todos los medios para salvar al país", aunque "tenía muy claro que un día le llamarían traidor". A continuación, Venizelos fue a descansar primero en la isla de Spetses y luego a Egipto.

---

[16] Redactamos este 2.3. en base a Stefanou (1982) v. "Trazado de los más importantes episodios nacionales y políticos del año 1915", p. 50-55, consultando a la vez Papadakis (Papadis), t.A´ (2017. Se trata de la biografía oficial de Venizelos por su Fundación en Creta).

En las elecciones que siguieron, de 31 de mayo / 13 junio de 1915, triunfó el Partido Liberal, 186 escaños frente a los 127 de los conservadores, pero Gúnaris no dimitió con el pretexto de la enfermedad del rey y este mantuvo una postura claramente anticonstitucional ("los votos se pesan y no se suman", declaró) al tardar mucho más de lo que le permitía la Constitución (un mes) en dar la jefatura del Gobierno al cretense, quien finalmente volvió a la presidencia del Gobierno solo en agosto de aquel año[17].

El 4/17 de agosto se convocó el nuevo parlamento. Gúnaris dimite y el rey, con mucho retraso, llamó a Venizelos a formar nuevo gobierno y la discrepancia entre ellos reapareció. Venizelos volvió a declarar que Grecia iba a respetar su acuerdo con Serbia (a lo que no se comprometió el gobierno Gúnaris), pero el rey Constantino no estuvo de acuerdo y, a espaldas de su primer ministro, tranquilizó a Bulgaria y a las fuerzas centrales porque Grecia no la atacaría. Las fuerzas armadas estaban de acuerdo con el rey.

El mes de septiembre de 1915 fue ajetreado. El rey siguió tranquilizando a Bulgaria: Grecia no pretendía movilizarse, pero aquella eligió aliarse con los países centrales, lo que volvió a facilitar la estrategia de Venizelos de intervención directa en la guerra al lado de la Entente. Según sostiene la historiografía posterior, el cretense antes de que el rey se opusiera propuso a la Entente desembarcar en la Macedonia griega por Salónica para apoyar a Serbia. Paralelamente, Venizelos pidió al rey firmar la movilización y respetar el acuerdo greco-serbio y este, tras la movilización búlgara y la declarada intención de Turquía de intervenir en la guerra con las fuerzas centrales, se vio obligado a firmar la movilización[18].

Ambos pusieron condiciones. Venizelos propuso al rey que aceptara ayudar a Serbia si la Entente le enviaba una fuerza prometida de 150.000 hombres y Grecia intervendría en la guerra a condición de que se cumpliesen dos requisitos: que el cretense siguiera en el Gobierno a pesar de las reservas de la Corte, primero, y segundo, que el pueblo y el ejército apoyasen, en su mayoría si no por unanimidad, su política, no solo de consolidación del acuerdo de Bucarest (antes mencionado), sino también de una eventual expansión de Grecia en Asia Menor, para proteger al helenismo de aquella región y en los Balcanes, donde ya sufría las primeras persecuciones por los neoturcos, como veremos. En todo caso, dicha expansión

---

[17] La enfermedad del rey fue comenta por la diplomacia española, como veremos, AHN. H. 1604.

[18] Cfr, Mavrogordatos-Cuadernos (2015).

presentaba, nada más empezar la Gran Guerra, una nueva dimensión porque se aproximaba a la realización de la Gran Idea. El rey, por su parte, firmó la movilización con la condición de que la discrepancia entre los dos no se hiciera pública (para el rey la movilización tenía "carácter defensivo" y para Venizelos "carácter claramente ofensivo").

Por otra parte, el rey comunicó a Venizelos, otra vez clara y rotundamente, su decisión de no respetar el acuerdo con Serbia, porque confiaba plenamente en su asesor sobre asuntos exteriores, el jurista Georgios Streit, que había sido ministro de Exteriores con Venizelos[19], quien interpretaba que Grecia no tenía ninguna obligación ética frente a Serbia porque según el tratado, la ayuda era en caso de un ataque por parte de un país balcánico y no por parte de una potencia europea, mientras que el cretense insistía en que ningún artículo del tratado citado decía que la ayuda hubiera de materializarse solo en caso del ataque de un país balcánico. Pidió al monarca que respetara la Constitución que le obligaba a no intervenir en política porque era responsabilidad del gobierno. El rey contestó que "eso valía solo para la política interna, mientras que para la política exterior se sentía responsable solo frente a Dios"[20].

Los requisitos que pidió el cretense no se cumplieron, no hubo acuerdo social, sino un cisma nacional: la clase política, el ejército y, por consiguiente, el pueblo se dividió entre venizelistas antirrealistas y antivenizelistas realistas, que se tachaban mutuamente de "anticonstitucionalistas" o "constitucionalistas". Como consecuencia, la posición incierta de Grecia frente a la contienda no parecía ni una neutralidad benévola ni una intervención directa. El bando venizelista y las fuerzas militares de la Entente, por una parte, y el bando del rey Constantino y las fuerzas búlgaro-alemanas, por otra, entraron en una espiral de enfrentamientos y acciones cada vez más crueles y cada una de ellas fue una respuesta a la acción anterior del adversario.

Venizelos dimitió, pero el monarca le rogó no insistir en la dimisión de momento y el cretense aceptó porque deseaba dar explicaciones al Parlamento. Mientras tanto, los aliados estaban por llegar a Macedonia y el rey y su primer ministro se pusieron de acuerdo para enviar una leve nota de protesta contra el desembarco aliado…

---

[19] Streit fue ministro de Exteriores con Venizelos entre finales de diciembre de 1913 y finales agosto de 1914.

[20] Sobre la discrepancia entre los dos y la postura-insistencia de Venizelos, v. el buen resumen de Mavrogordatos-Cuadernos (2015).

2.4. *Campañas parlamentarias del cisma nacional*

Bajo las circunstancias arriba expuestas comienzan las "campañas parlamentarias del cretense, que corresponden al segundo capítulo del libro que leemos[21]. Antes de leer junto al lector las actas parlamentarias, toca anticiparle muy rápidamente los hechos alrededor de los cuales giran estas campañas.

En los tres primeros discursos de 22-23 de septiembre de 1915, el cretense apoyó abiertamente la intervención de Grecia en la Guerra, lo que reflejaba su ruptura con el rey. Aunque aquellas sesiones terminaron con una votación de confianza al gobierno venizelista (142 votos a favor, 102 en contra, 13 abstenciones) el rey obligó al cretense a dimitir de nuevo, ya que, según su opinión, aquel resultado era muy inferior al de las elecciones de mayo, lo que debilitaba por definición al gobierno[22]. El mismo 23 de septiembre, el rey nombró a Alexandros Zaimis como primer ministro y en su "gobierno ecuménico antivenizelista" participaban cuatro exprimeros ministros: Georgios Theotokis (Hacienda y Enseñanza), Dimitrios Ralis (Derecho y Comunicaciones), Stefanos Dragumis (Economía) y Dimitrios Gúnaris (Interior)[23]. Por lo tanto, en el cuarto discurso, del 28 de septiembre, así como en los tres discursos de la sesión del 21 de octubre, el cretense habla ya como jefe de la "oposición mayoritaria venizelista".

Entre las sesiones de 28 de septiembre y el 21 de octubre las relaciones entre la Entente y el gabinete Zaimis empeoraron, mientras que en paralelo la discrepancia entre el rey y Venizelos se hacía aún más profunda. Igual que la tormentosa sesión del 21 de septiembre tuvo como consecuencia la segunda dimisión de Venizelos y su sustitución por Zaimis, la otra tormentosa sesión parlamentaria del 21 de octubre tuvo como consecuencia la sustitución al día siguiente del gobierno Zaimis por el Stéfanos Skouloudis (ya muy mayor y aún más fiel al monarca).

---

[21] Se trata de tres sesiones: 21/9 al 4/10; 28/9 al 11/10 y 21/10 al 3/11 de 1915. V.-Cl. pp. 41-193. En adelante citamos las fechas según el antiguo calendario gregoriano, exclusivamente, mientras que, a veces, para cumplir con las normas sintácticas, sustituimos en las referencias la primera persona que usa Venizelos por la tercera.

[22] No cabe duda de que a la hora de la votación debió de influir el conocimiento del Tratado (secreto) de Londres, que habían firmado los aliados de la Entente con Italia, según el cual se reconocía el dominio italiano de Avlona (Albania) y, al tiempo, los derechos de Grecia en Epiro norte, pero también estaba indirectamente reconocido el dominio italiano en el Dodecaneso, ocupado tras la victoria italiana en la guerra ítalo-turca de 1911-12.

[23] Estos exjefes de gobierno y algún otro ministro y diputado como Georgios Pop, v. Anexo: "Catálogo de personajes".

En todas aquellas sesiones Venizelos, al verse chantajeado bajo la amenaza de una crisis gubernamental perpetua por la interrupción del Parlamento durante un año (como preveía la Constitución), no quiso conducir la situación *in extremis* con la guerra mundial *ante portas*. Por tanto, en las sesiones del 21 de septiembre tranquilizó a Zaimis, aunque los liberales se veían obligados a aceptar su gobierno tácitamente, bajo la condición de que no pidiera voto de confianza, como así ocurrió en las sesiones de septiembre. Lo mismo trató de hacer el cretense en las sesiones del 21 de octubre, a pesar de un episodio grave que produjo el general Yanakitsas, ministro de Defensa, extraparlamentario, quien repentinamente introdujo un proyecto ley según el cual, durante la movilización, los oficiales del ejército recibirían unas nóminas extra, lo que para los venizelistas constituía un escándalo, ya que el rey "quería comprar así la devoción del ejército". Venizelos pidió que el Parlamento expresara por votación su desacuerdo por el incidente (147 votos a favor frente a 114 en contra), lo que obligó a Zaimis a dimitir y el rey nombró a Skouloudis en la presidencia del Gobierno y a Yanakistas su mayordomo. Pocas semanas después, el rey Constantino proclamó elecciones generales para diciembre de aquel año, 1915, en las que los venizelistas se abstuvieron de participar tras un manifiesto de Venizelos, del que se habla a continuación. De esta manera, se consumía, en aquel otoño, la crisis parlamentaria.

Desde el punto de vista de la política interior, en aquellos discursos Venizelos destacó las "circunstancias tan graves y tan críticas" en que se encontraba el Parlamento, por primera vez en todo el curso de su historia"[24]. Finalmente, hizo notar cómo actuaba el rey en la sombra e hizo apología de su actividad política, de su actitud y de sí mismo, ya que no podía empezar una lucha para defender la Constitución de un rey que la violaba sin escrúpulos por las "circunstancias exteriores tan críticas y con la movilización en curso". En el cuarto discurso de la sesión del 28 de septiembre y en los dos discursos del 21 de octubre el cretense, denunció con gran pasión al rey Constantino por su despotismo, violación constitucional y abolición del parlamentarismo y, como dirá en su manifiesto, de la misma república con rey (v. Anexo: "Forma del Estado griego")

También, insistiría Venizelos en que el rey se limitara a reinar y no a gobernar imponiendo su política; al fin y al cabo, según destacaba el cretense, la actitud anticonstitucional del monarca era incomprensible para el pueblo griego que "sabe que puede vivir y progresar bajo la única

---

[24] 1ᵉʳ discurso (21-IX), sin título, p. 42.

constitución que es la realeza constitucional, la república con un rey"[25]. Es interesante que para Venizelos los dos términos (realeza constitucional y república con rey) son sinónimos, lo que llamó la atención de Unamuno, como veremos, quien definió al cretense como "un buen republicano del rey". Está bien claro, por tanto, que Venizelos se autoconsideraba un defensor del "nuevo régimen constitucional" frente a los realistas anticonstitucionalistas (y, por tanto, antivenizelistas) "y defensores del antiguo régimen, el de antes de 1909". De su parte, los antivenizelistas mantenían que quien defendía la constitución era el rey, que al tener en cuenta los cambios en el marco internacional, no podía permitir la destrucción de Grecia como había ocurrido ya con Bélgica y Serbia[26].

Desde el punto de vista de la política exterior, Venizelos centra sus discursos en dos peligros-clave, el peligro eslavo-búlgaro por una parte y sobre el peligro que causaba a Grecia la relación entre Alemania y los neoturcos, por otra. Sobre el segundo peligro, Venizelos llama la atención de los diputados: "vosotros sabéis tan bien como yo que el triunfo de los neoturcos representaría la destrucción de los helenos del Asia Menor, la extirpación del helenismo en Turquía"[27]. Con el curso de los años, el cretense había cambiado radicalmente su opinión inicial y positiva hacia los neoturcos y ahora veía en la coalición neoturco-alemana un gran peligro, dado que en aquel entonces se estaba llevando a cabo la gran persecución de los griegos del Asia Menor que, según ya hemos dicho, se había iniciado con las Guerras Balcánicas y terminaría con la catástrofe de 1922.

Venizelos ya tenía un plan político para Asia Menor, con el que discrepaban, y mucho, sus adversarios, los conservadores monárquicos, y a este plan lo llamaba ya la "cuestión del Asia Menor". Su prioridad era, afrontar y resolver "de manera enérgica" esta cuestión para evitar a toda costa un inminente "exterminio del helenismo en Turquía" por el panturquismo de los neoturcos, según el subtítulo del segundo discurso de la intervención del cretense en la sesión del 21 de octubre / 3 de noviembre de 1915. Además, ante aquella situación el cretense hablaba de un intercambio pacífico

---

[25] V-Cl, p. 108-Sesión 21 de octubre.

[26] Para estos párrafos, v. Mavrogordatos-Cuadernos (2015), que basándose en lo que destacó Venizelos en la sesión de 21 de octubre, subraya lo interesante de aquella sinonimia en el … griego venizelista: *constitutional monarchy / monarchie constitutionnelle*, monarquía constitucional, un término en otras lenguas que corresponde a dos.

[27] Cfr., V.-Cl. "El socorro a Serbia", pp. 109-113. En la edición griega, p. 54 de esta sesión y de la sesión del 21 de octubre, p. 113.

de poblaciones (que había propuesto ya a la Sublime Puerta en 1914), pero para sus adversarios "Asia Menor estaba lejos"[28].

El cretense estaba muy preocupado por la nueva realidad "greco-turco-alemana" y el hecho de que los neoturcos hubieran aprendido no sólo a estimar, sino a admirar la organización alemana y el estado de preparación de Alemania desde todos los puntos de vista y, sobre todo, desde el punto de vista militar", mientras que, además, en Grecia "la intensa propaganda alemana encontró su instrumento en cierta prensa griega"[29]. Por tanto, en 1915, para Venizelos entre Alemania y Grecia no había lugar para la creación de ninguna alianza, mientras que los antivenizelistas monárquicos sostenían lo contrario. Basta subrayar el parentesco y la idiosincrasia política entre las casas reales de Grecia y Alemania (el rey Constantino había estudiado en Alemania, estaba casado con la hermana del Kaiser, la princesa Sofía de Prusia, y compartía con él cierto "autoritarismo".), y la penetración de capitales alemanes en Grecia en el marco de la *Weltpolitik* alemana.

Para Venizelos también era una prioridad afrontar con decisión respecto del peligro eslavo-búlgaro, que ponía a prueba los éxitos griegos en las Guerras Balcánicas. Para sus adversarios, los conservadores monárquicos, ese peligro era muy serio, pero no una prioridad. Era, por tanto, un segundo punto de discordia y Venizelos lo aclara cuando responde a Theotokis, diputado monárquico por Corfú: "claro está que el peligro eslavo, después del tratado de Bucarest, quiere decir peligro búlgaro exclusivamente. Dejemos, pues, de considerar el peligro eslavo como un peligro ruso, como pretende el diputado por Corfú, y no apartemos nuestra vista de donde ese peligro existe realmente"[30].

Para Venizelos el tratado con Serbia constituía una obligación moral para Grecia mientras que el tratado de Bucarest representaba la "carta constitucional de la península balcánica", según repite en su intervención del 21 de septiembre de 1915 y se trata de una frase que no queda bien traducida en la edición española[31]. Nótese que el acuerdo de Bucarest concedió a Grecia el 51% de Macedonia, un 39% a Serbia y un 10% a Bulgaria,

---

[28] De todo ello, el lector de V.-Cl. tiene una idea muy clara al leer aquellas páginas, pero para entender aún mejor el marco histórico puede ver en el Anexo el texto: "Los neoturcos, las primeras persecuciones y la cuestión del Asia Menor".

[29] Según se precisa en V.-Cl, p. 107. Sobre el tema de la propaganda se habla a continuación.

[30] V. V.-Cl. "Segundo discurso", pp. 71-72. Pero sobre este tema volvemos más adelante, al hablar de los discursos parlamentarios.

[31] "'Η συνθήκη του Βουκουρεστίου ὠνομάσθη ὑπ᾽ ἐμοῦ καταστατικός χάρτης τῆς Βαλκανικῆς χερσονήσου", edición griega, p. 37. Tal vez el único error grave de Clavel porque en vez

que en aquel mismo año había ocupado momentáneamente gran parte de la Macedonia griega oriental (la llamada primera ocupación búlgara de Grecia, en 1913). Con este acuerdo, como se ha dicho, el territorio griego pasó de 64.790 a 108.610 km^2 y su población de 2.660.000 a 4.363.000 habitantes. Se habló entonces de la Gran Grecia del Nestos, ya que al territorio griego se incorporó este río, es decir, la línea de Kavala-Xanthi, que define la Macedonia y la Tracia helénicas[32].

El cretense habló en muchas ocasiones de este tratado, como por ejemplo, en su primer discurso parlamentario (21 de septiembre / 4 de octubre de 1915), también mientras apoyaba "el socorro a Serbia" en otro discurso (28 de septiembre / 11 de octubre) e insistió en esta postura en el artículo (de abril de 1916) donde dice que "Grecia hubiera salvado a Serbia", si hubiera intervenido en la Gran Guerra porque le habría evitado tener "que afrontar, por una parte, dos frentes del ataque de fuerzas superiores y, por otra, la interrupción de sus comunicaciones con Salónica con las fuerzas franco-inglesas, que avanzaban por ese lado en su socorro. Esto la colocó en la imposibilidad de retroceder hacia el Sur y de reunirse con esas fuerzas[33].

Conclusión, aquellas sesiones parlamentarias de septiembre y octubre de 1915 son prácticamente el primer "testimonio oficial" sobre el cisma nacional. Si el lector quiere acompañarnos, pasemos ahora a la lectura de aquellas campañas en las que Venizelos fue el absoluto protagonista: un actor-orador y a la vez un gran director de escena…

2.4.1. *¡Abajo los pirronianos! Política exterior*

Basta leer los subtítulos la nuestra edición de V.-Cl., para entender que estas diferencias entre venizelistas y realistas giran siempre en torno a los mismos temas y tratan de la intervención en la guerra, por no tener ningún sentido "la neutralidad armada", dado que no solo "la guerra con Bulgaria es inevitable", sino que, al final, "Alemania sucumbirá", según prevé con impresionante certeza el cretense. Rechaza, además, la "política de la pequeña

---

de carta constitucional, pone "caja de Pandora". No cabe duda de que la cuestión macedónica era una caja de Pandora (V.-Cl. p. 89).

[32] Por su parte, Serbia aumentó su territorio de 48.300 a 87.780 km^2 y su población llegó a los 1,5 millones de habitantes.

[33] Con respecto a este tema y para entender mejor los argumentos de las dos Grecias sobre la situación en los Balcanes, el lector puede leer el marco histórico en el Anexo: "Consideraciones acerca del acuerdo greco-serbio y Tratado de Bucarest).

Grecia", que "prefieren los pirronianos" y se oponen a la gran política de la "Magna Grecia del Nestos al Meandros", que para el cretense es una "política de expansión y no de concesiones", un callejón sin salida para Grecia si quiere defender el helenismo en los Balcanes y en Asia Menor tras la llegada de los Jóvenes Turcos, aliados de Alemania. Finalmente, Venizelos da varias explicaciones sobre otra vasta temática[34].

Según recuerda el cretense, el estallido de la Gran Guerra hacía que se activase el tratado de alianza defensiva greco-serbio, por el que cada uno de los dos Estados quedaba obligado a socorrer al otro en el caso en que, sin provocación de su parte, fuera atacado por un tercero, lo que obligaba a Grecia a permanecer con las armas en la mano y a prestar ayuda a Serbia. Por consiguiente, la primera reflexión que hace Venizelos sobre su política exterior aporta los elementos centrales que le guían. El primero era "la obligación moral de mantener los tratados" (el de Grecia con Serbia, en este caso) y apostilla: Grecia no se incluye en "las naciones poderosas que pueden, según las circunstancias, menospreciar los deberes que impone un tratado, sin exponerse a tan grandes peligros", sino que, siendo un país débil, se ve obligado a "respetar las obligaciones morales".

Para el cretense, y con la movilización búlgara en marcha, no solo la moral, sino la realidad obligaba a Grecia a seguir respetando al pie de la letra el tratado greco-serbio, y no permitir que "un Estado que es su rival en la península balcánica desde hace trece siglos (ndr. Bulgaria), aplaste a nuestra amiga y aliada (ndr, Serbia), destruya el equilibrio establecido en el tratado de Bucarest y surja potente y vigorosa una gran Bulgaria"[35]. Venizelos pone énfasis en el hecho de que "Bulgaria se consideraba desligada del tratado, y aspiraba a ocupar "en la esfera de sus reivindicaciones nacionales toda Macedonia, todo el territorio griego que se extiende hasta el Aliakmon"[36]. Por tanto, para el cretense Grecia "corría el riesgo de perder en breve plazo todo lo que ganó tras las guerras victoriosas de 1912 y 1913 […] lo que equivaldría a una sentencia de muerte para ella". Una razón más, insiste, para que cualquier gobierno griego se viese obligado a no "exigir a los extranjeros que sean sus amigos, sino buscar colaboradores y compañeros de lucha entre los pueblos". Por tanto, Grecia no tenía otra opción que estar "con las dos grandes potencias occidentales cuyos intereses se adaptaban mejor a los suyos y porque Grecia no podrá no sólo engrandecerse, sino ni aún subsistir

---

[34] Como por ejemplo respecto de la cuestión de Chipre y el Dodecaneso, (v. Anexo).

[35] V.-Cl. p. 130.

[36] Ibid. 1er discurso (21-IX), "Los aliados en Salónica", p. 66.

tal como hoy, si se manifiesta opuesta a las potencias que tienen el señorío de los mares"[37]. Además, "en previsión de un peligro semejante (ndr, de un ataque búlgaro) dichas potencias habían prometido venir en socorro de Grecia y prestarle ayuda y protección" y esto a pesar de "las simpatías tan constantes y casi incurables que Inglaterra siente por Bulgaria" (y hemos explicado arriba la razón de esta simpatía)[38].

Venizelos no hablaba de "un peligro eslavo en general, sino de un peligro búlgaro exclusivamente", y más precisamente de un peligro búlgaro y turco a la vez. Y destacó que los intereses de Turquía "son irreconciliablemente opuestos a los nuestros [los de Grecia], no por su naturaleza, sino por la política que persistentemente vienen sosteniendo sus hombres de Estado" (los neoturcos, se entiende)[39]. Y en el cuarto discurso del 28 de septiembre, el cretense dejaría muy claro las consecuencias desastrosas para Grecia y Serbia, "si obtuviese la victoria la agrupación de las potencias centrales", en la que acababan de entrar Turquía y Bulgaria. Aquí, el cretense confiesa "su gran inquietud": que "Turquía pudiese llegar a ser mucho más fuerte por el hecho de hallarse bajo el régimen germánico" Lo que para el buen traductor (traduce del texto en inglés, recordemos) es "régimen germánico", en el original griego se escribe "régimen Neoturco" [40]. Que saque el lector sus conclusiones.

Y precisará más el cretense, un eventual "triunfo de los neoturcos" tendría las siguientes consecuencias: a) "representaría la destrucción de los helenos del Asia Menor y la extirpación del helenismo en Turquía"; b) "daría por resultado el aplastamiento de Serbia, uno de los factores del equilibrio balcánico"; c) "impulsaría el peligroso crecimiento del poderío búlgaro", que volvería a ser "hegemónico en los Balcanes" ya que "sólo la invasión del territorio macedónico por el ejército búlgaro ha bastado para que desertaran varias docenas de millares de soldados serbios". Y peor aún, Bulgaria "se arrojaría sobre nuestra patria, menos fuerte militarmente y sin amigos ni aliados", en un momento crítico para la psicología del país: "antes de que este festejara el centenario del resurgimiento nacional, (ndr, se cumpliría el 25-3-1921)"[41].

---

[37] Ibid. pp. 73 y 166.

[38] Ibid. 2º discurso (21-IX), "La situación de Grecia entre las dos grandes potencias", p. 46.

[39] Ibid. pp. 72-73.

[40] Edición griega, p. 54: "ἀφ᾽ ὅτου εἰς τήν Τουρκίαν ἐπεκράτησε τό Νεοτουρκικόν καθεστώς". V.-Cl. 4º discurso (28-IX), "Las promesas de Alemania", p 112. Justo antes de la frase está el subtítulo.

[41] Para las frases sueltas de este párrafo, v. V.-Cl. pp. 112-171.

En un momento en que Bulgaria y Turquía, los dos rivales balcánicos de Grecia, estaban adoptando "resoluciones enérgicas" con su inminente intervención en la guerra, Venizelos, creador de una nación nueva, no podía aceptar la inercia, es decir, la neutralidad de Grecia y llama la atención de la Cámara: no debería existir ninguna posibilidad de que Turquía y Bulgaria estuviesen entre los vencedores en un inminente congreso de paz tras el final de la Gran Guerra. Y advierte a sus adversarios ideológicos que "el peligro no se evita huyendo, sino haciéndolo frente", "examinando los hechos objetivamente y tomando las decisiones que exigen los supremos intereses del pueblo con optimismo y confianza". Porque "ocurre en política que las obras más grandes son llevadas a cabo por los que tienen fe y no por los pirronianos". Y este optimismo, confianza y valentía política lo encarna él porque "cuando el antiguo mundo político discrepaba absolutamente de su política" y "cuando la oposición le acusaba de llevar a Grecia al matadero", él, "obtuvo los triunfos esperados" y "extendió las fronteras de Grecia hasta el Nestos" con la Segunda Guerra Balcánica contra Bulgaria[42].

Y dice más, "he conseguido todo esto en 1912-13, por la confianza que reinaba en mí, en mis compañeros y en el Gobierno (...) en la vitalidad del pueblo griego, [y en] nuestro ejército, pequeño, pero bien organizado". Para Venizelos los "pirronianos" son los partidarios de una Grecia pequeña. ¿Qué significa esto? "Preguntar a los pueblos vecinos qué quieren de nosotros, que nos señalen lo que crean que debemos abandonar, y contentarnos con lo que nos quedara después, para poder vivir sin sobresaltos en un territorio minúsculo y a merced de los demás".

Venizelos pretendía que Grecia tuviese la iniciativa y no dejársela a los demás. De ahí sus esfuerzos por convencer a la Cámara insistiendo en que no le quedaba otra opción que la intervención de Grecia al lado de la Entente, "él no tenía intención de llevar al país a la guerra", pero "todo dependía de la actitud búlgara", que "dirige todas sus reivindicaciones nacionales hacia todos los puntos del horizonte de nuestra frontera". Por tanto, se preguntaba si era lícito dejar la iniciativa en manos de "semejante vecino", que antes o después intervendría en la Guerra. En otras palabras, el dilema no era ir a la guerra, sino "cuándo ha de sernos útil intervenir en ella" para defender la Grecia que resultó tras las guerras

---

[42] Tomamos las referencias, de Ibid. pp. 101.102 y 174. Igual que los entrecomillados del párrafo siguiente.

balcánicas, impidiendo a Bulgaria "realizar aspiraciones" que justificaba con "quiméricas razones etnológicas"[43].

En este sentido y en cuanto a las concesiones "dependientes de la etnología", Venizelos llegó incluso a proponer al país un "doloroso sacrificio", el intercambio de "la población búlgara que vivía en territorio griego y la población griega que se mantenía en Bulgaria después de las catástrofes[44]. Se trataba de una propuesta para la defensa del helenismo balcánico y por extensión, o mejor dicho "por expansión", de proponer la defensa del helenismo del Asia Menor, sobre todo "después del advenimiento de los Jóvenes Turcos, porque era una falsa y peligrosa ilusión creer posible la regeneración del Imperio otomano con una infusión[45] de la cultura moderna griega, suscitando una evolución parecida a la del período bizantino"[46]. Por tanto, frente a tal situación y tras las primeras expulsiones de griegos ortodoxos del Asia Menor en 1914, Venizelos rechaza como "utópicas e ingenuas" las teorías nacionalistas, del renacimiento de una gran nación griega en la diáspora, formada como resultado de una colaboración entre griegos y turcos, cuyo centro se encontraría en el territorio del antiguo Imperio bizantino. El más conocido ideólogo de aquellas posturas fue el antivenizelista Ion Dragumis (que tenía una fuerte relación amorosa con la amiga íntima de Venizelos, la escritora Penélope Delta), asesinado algunos años después, en 1920, por un guardaespaldas del cretense[47].

Y en su línea "pragmática", en octubre, Venizelos se declaraba dispuesto a discutir una cesión a Bulgaria de 2.000 km^2 de territorio nacional ("parte de las regiones de Kavala, Drama") a cambio de unos territorios búlgaros (de Doiran y Guevguéli), así como "una probable extensión de una cesión en Esmirna y de una gran parte de su hinterland (…) al que pertenecen naturalmente [los ríos] Hermos y Meandro, cuyos valles se extienden 275 kilómetros en el interior del Asia Menor"[48]. Con ello demuestra que estaba completamente decidido a proponer la solución del "problema psicológico", es decir, la expansión griega del "Nestos al Meandro" acogiéndose a la ocasión que le brindaban "las potencias [que] estaban dispuestas a recompensar largamente nuestra pequeña concesión en la Macedonia oriental

---

[43] Ibid. 4º discurso (28-IX), "los beneficios podrían ser concedidos por la vía normal", p.119.
[44] Ibid. p. 118.
[45] Mantenemos la palabra del texto, pero con el sentido de "Acción y efecto de infundir", RAE.
[46] V.-Cl. p. 177.
[47] Más adelante en el cap.4 volveremos a estos acontecimientos.
[48] V.-Cl. pp. 154-155.

aumentando sensiblemente las "muy importantes concesiones territoriales en Asia Menor"[49]; solo "el Vileyato de Aïdin tiene una extensión superior a la Grecia de otros tiempos, la anterior a 1912, y que desde el punto de vista de la riqueza y producción es incomparablemente superior"[50]. Aquella expansión, que el cretense intentó, fracasó algunos años después, durante la guerra greco-turca como bien se sabe…

Desde el punto de vista del liberalismo venizelista no se había comprometido a conceder nada concreto, al contrario, esperaba que le concediesen a él territorios concretos, por esto es muy elocuente el subtítulo de la edición original griega "he enterrado las concesiones de nuevo"[51]. Pero para los liberales lo único claro era que se trataba de una "política de expansión, no de concesiones", según el otro subtítulo de las sesiones de 21 de octubre. Cualquier opción que se elija lo cierto es que, como buen jugador, Venizelos había tomado la iniciativa, había puesto sobre la mesa una buena carta y esperaba la reacción del adversario. Sin embargo, el adversario no tuvo que reaccionar porque el cretense, en febrero de 1915 tuvo que abandonar por primera vez el poder a causa de la campaña de Galípoli de la que se habla enseguida. El gobierno de Gúnaris que le sustituiría se apresuró a cambiar de política "antes de que Italia interviniera en la guerra", lo que no fue una táctica inteligente, porque no dejaba ningún margen de maniobra. Y al cretense le gustaban las maniobras, cuyo objetivo a la larga, debería ser que Grecia estuviera al lado de los vencedores en un próximo congreso de paz.

Con este propósito propuso la intervención de una división griega en la campaña aliada de Galípoli a condición de que, una vez enviada allí pudiera ser después transportada a Macedonia con los contingentes europeos, por si el peligro búlgaro se presentaba. Sin embargo, aquella propuesta de Venizelos fue rechazada por los aliados y, finalmente, por el rey Constantino, como dijimos, que cambió de parecer ante la amenaza de dimisión del jefe del Estado Mayor, Ioannis Metaxás[52]. Durante la sesión parlamentaria del 21 de septiembre debatieron Venizelos y Gúnaris ampliamente sobre

---

[49] Del artículo "Replicando al rey", así como de la propuesta de Grey, de la que hemos hablado y hablaremos a continuación.

[50] V.-Cl. p. 182.

[51] Ibid. el subtítulo del 3er discurso (21-IX) en la edición original griega, p. 26, es muy largo: "(las concesiones) las enterraré de nuevo ("Τὰς ἔθαψα ἐκ νέου"), el porqué de la movilización" y "Grecia al lado de la Entente", mientras que nuestra traducción tiene un subtítulo muy breve, "Las peticiones de la Entente", p. 74.

[52] Clogg, (1992). p. 91.

esa (no) expedición, que había tenido como resultado, como hemos dicho, la primera dimisión del cretense, de la que acusó entre otros a la propaganda extranjera que, según su opinión intentó convencer al pueblo de que Grecia tenía interés en la victoria de las potencias centrales, a las que ya pertenecían Turquía y Bulgaria, y celebraron con gran satisfacción "el fracaso de la expedición de los Dardanelos". En realidad, en aquellas sesiones Venizelos defendió que el pueblo había decidido claramente en favor de su política, aunque no se hubiera expresado concretamente sobre la participación en los Dardanelos ni sobre concesiones que "conseguí enterrarlas yo mismo", dice; que nunca dio opinión respecto del éxito de la expedición de los Dardanelos porque contaba con efectivos reducidos, pero no estaba obligado a participar con más[53].

Venizelos convenció al rey sobre la necesidad de la movilización, pero no sobre la necesidad de intervenir directamente en la Guerra ni, por supuesto, pudo convencer a la oposición filomonárquica que obedecía al rey como si fuera su esclava, aunque a veces se permitía darle consejos. Lo cierto es que la actitud del cretense siguió siendo la misma desde su dimisión por primera vez en febrero hasta los discursos de 21 y 28 de septiembre, entre los cuales se vio obligado por el trono a dimitir por segunda vez, el 22 de septiembre fue sustituido por Zaimis, como se ha dicho. A pesar de la actitud "autoritaria-arbitraria" del rey, el desembarco en Salónica de los aliados pocas horas antes de la dimisión de Venizelos tras aquella "sesión histórica" del 21 de septiembre, constituyó una violación de la neutralidad griega. Casi en paralelo, Alemania y Austria seguidas por Bulgaria, atacarían a Serbia. Mientras tanto, como hemos dicho, Bulgaria ocupó militarmente y sitiaba la Macedonia oriental obligando a miles de griegos a refugiarse, mientras que otros miles murieron de hambre durante el asedio.

¿Sabía Venizelos que se produciría "el desembarco en Salónica"? Según la historiografía posterior, aquel desembarco en Salónica tenía, al menos, el "acuerdo tácito y táctico" de Venizelos, como se desprende de su larga explicación al respecto en la que subraya que la intervención aliada es la solución "ante el evidente peligro que nos viene del Norte y que amenaza con desposeernos de lo que conquistamos tras dos guerras heroicas (…) sería yo culpable de indecisión y de cobardía si no adoptara las resoluciones

---

[53] La cuestión de la propaganda se cita en varias ocasiones más adelante. La expedición a Galípoli, como es conocida, entre febrero de 1915 y enero de 1916 fue un gran éxito para los otomanos y un fracaso para los aliados, mientras que los ingleses echaron la culpa a Churcill por la derrota que causó una crisis gubernamental en Londres.

enérgicas que demandan la Nación, el deber, el honor y sus más altos intereses"[54]. El choque entre el rey y Venizelos estaba servido.

De la lectura de estas sesiones parlamentarias resulta clara la postura venizelista en la política exterior: Grecia tendría que intervenir al lado de la Entente en la Gran Guerra si quería defenderse de los peligros de siempre: Bulgaria y Turquía, es decir, defender su engrandecimiento tras las Guerras Balcánicas y, a la vez, defender el helenismo "extendiéndolo por los cinco mares y los dos continentes", que avalaba el ministro británico e Exteriores, Eduard Grey. Por otra parte, según la teoría de la "pequeña y honesta Grecia" de los antivenizelistas monárquicos, Grecia tendría que mantenerse neutral.

Al seguir leyendo las páginas del V.-Cl., el lector se da cuenta de que el cretense defiende sus, hasta entonces, grandes éxitos en la política exterior, es decir, el protagonismo de Grecia en las Guerras Balcánicas, el acuerdo de Bucarest y el tratado con Serbia, ya que había conseguido un triple éxito cuyas consecuencias marcaron la historia de Grecia en el siglo XX: reconquistó la Macedonia griega, defendió su helenismo (que se reforzaría después, con la repoblación de la región por los refugiados *micrasiates*) y consolidó para siempre las fronteras de la Grecia continental, mientras que extendió su zona marítima a gran parte del mar Egeo. Una labor extraordinaria cuyos resultados fueron diacrónicos, si se tiene en cuenta la coetánea y posterior trayectoria histórica durante la cual las mismas cuestiones siguieron con o sin solución, por ejemplo: solución del peligro búlgaro a pesar de las grandes aventuras (ocupación búlgara de la Macedonia griega en la Primera Guerra Mundial –1916-1918– y otra vez en la Segunda Guerra Mundial –1942-1944–; solución del problema del Dodecaneso con la incorporación de las islas tras la II Guerra Mundial –1947; enfrentamiento continuo respecto al nombre de Macedonia (desde el "silencio acordado" entre los dos regímenes sobre dicha cuestión, el yugoslavo de Tito y el "semiparlamentario" griego de la posguerra, hasta la reciente disputa y reciente solución sobre el nombre –Skopie o Macedonia del Norte)[55]; involución de la "cuestión y la tragedia chipriota" (desde

---

[54] Ibid. p. 68. Con la campaña de Galípoli y la movilización de Bulgaria ya en marcha, era de esperar la reacción tanto de los aliados como de Venizelos. Unas tropas llegaron desde Galípoli a las afueras de Salónica, la llamada tropa del Oriente.
[55] Nos referimos a la solución alcanzada recientemente (2019) entre los Gobiernos de Alexis Tsipras y Vladimir Zajec, que a pesar de que está aceptada casi por todos, aún crea discusiones y controversias. Hay muchos análisis periodísticos al respecto, que puede revisar electrónicamente el lector interesado. En todo caso, el cretense al hablar de "los peligros de una gran Bulgaria" (pp. 55-57 de la edición griega y 88-90 en V.-Cl.), expresa su inquietud sobre

el 1974 con la ocupación turca de la isla hasta hoy) y de la rivalidad continua entre Turquía y Grecia, por el revisionismo turco, durante la segunda
mitad del siglo anterior hasta hoy por Chipre y el mar Egeo[56].

2.4.2. *¿País grande o empequeñecido? ¿Realeza constitucional o república con rey? Política Interior*

Venizelos denunció la actitud del rey con argumentos de política interior
que demuestran el cisma nacional en el momento de su nacimiento. Los
subtítulos al respecto son muy indicativos: "La actitud y la propaganda de
la prensa", la "Sanción del pueblo griego", la "Cuestión política-el Estado y
la diplomacia", "El antiparlamentarismo", "El terrorismo del antivenizelismo", "La oposición sistemática sin razón de ser", "La mayoría colabora con
el gobierno sin aprobar su política", "El sentido del voto del 31 de mayo"[57],
"Yo (ndr, Venizelos) no he sido nunca antiparlamentario", etc.

En el cuarto discurso del 28 de septiembre, el cretense acusa a cierta
prensa filomonárquica, sin citar cual exactamente, de venderse a la propaganda y los intereses extranjeros –"moneda alemana que apoyaba la propaganda antivenizelista", según las ediciones– y de haber perturbado la
conciencia nacional al discutir la oportunidad de la movilización de Grecia en el momento en que todos los jefes de los partidos políticos con representación en la Cámara estuvieron de acuerdo[58]. Venizelos denuncia
este "espectáculo inmoral que ofrecen ciertos órganos de opinión que, de
un momento a otro, abandonan por completo la política que defendieron

---

"cuál sería la posición de Grecia ante una posible expansión y ocupación búlgara hasta la
Macedonia serbia (Σερβική Μακεδονία) y tal vez hasta parte del antiguo Reino de Serbia, el
de antes de 1912" (V.-Cl. p. 89 y edición griega, p. 56).

[56] Se trata de la rivalidad entre los dos países por la plataforma submarina y la extensión de
Grecia a las 12 millas náuticas, que le está permitido según el derecho internacional marítimo. Sobre lo referido aquí, v. más adelante en el texto y en el Anexo: "Tratado de Lausana".
Es importante que el lector entienda la gran labor del cretense que, como vemos, consiguió
entonces incorporar a Grecia las islas del Egeo noroccidental, salvo Imbros y Ténedos. Aquel
éxito, como veremos, fue consolidado definitivamente con el Tratado de Lausana (1923), que
hoy día "cuestiona" el revisionismo turco de Erdogan.

[57] La edición española está equivocada, escribe 31 de marzo tanto en el título como en el texto...

[58] Cfr, *Αγορεύσεις Ελευθερίου Βενιζέλου* (Discursos de Venizelos), 1917, p.9. Vakalópoulos
(1995) apunta de su parte que representantes de las potencias, sin distinguir entre la Entente
y la Alianza, mediante presiones o dinero controlaron los diarios de Atenas y Salónica para
influir en la opinión pública y dirigir al votante en uno u otro sentido. V. también Filippís
(2010, cap.1).

durante tantos años, deslumbrados por las abundantes sumas de dinero entregadas por los propagandistas extranjeros".

La acusación era muy grave, también por referirse a los medios sin citar ninguno. aunque estaba muy claro que el cretense se refería a la propaganda alemana. Pero si el resultado de la Gran Guerra depende no solo de la capacidad militar, sino también de estas "sumas de dinero", es decir de la propaganda que, no lo olvidemos, fue una "hija de la primera guerra mundial"[59]. ¿Quién ganará la guerra? Preguntará la oposición al cretense. Y se preguntó a sí mismo, en otro momento, qué pasará cuando "la victoria del grupo de beligerantes [que] se consideraba segura, vaya siendo cada vez más dudosa", ya que la otra agrupación (la Entente) "posee en hombres y dinero más recursos que puedan poseer los imperios centrales". Entonces, añadirá que tiene sus razones para apoyar su previsión, porque no es necesario ser "ni un militar para conocer este asunto en sus grandes líneas, ni un político optimista" ni un "poeta en pleno delirio". Así, apuesta con seguridad por "la derrota de la agrupación del "coloso germánico" a la que pertenece Bulgaria, lo que "significaría la pérdida definitiva de las esperanzas de hegemonía balcánica de esta potencia y su definitiva limitación territorial en la península", mientras que, al tiempo, (sería cierta) "la expansión de Grecia hasta el Asia Menor y en el interior de la península".

Y fue impresionante su afirmación de que "no se puede asumir la responsabilidad del poder cuando se es incapaz de prever el porvenir" y tampoco "se puede venir en tan grave momento a decirle a la Cámara que se contenta con retrasar una guerra que es inevitable, que se contenta, añado yo, con esquivar la guerra hoy, porque mañana estará obligado a hacer frente a ese conflicto", porque nadie duda de que la guerra con Bulgaria es inevitable[60]. Aquel impresionante, nuevo y acertado pronóstico, le convirtió en un mesías a los ojos de su prensa y propaganda fanáticas.

Ahora bien, la historiografía suele hacer caso omiso a los pronósticos, acertados o no, de los grandes hombres para insistir en los hechos, y según ocurrió hubo, por tanto, "órganos de opinión" que cambiaron de postura durante aquel periodo, a los que el cretense acusa de traición, aunque sin nombrarlos (sobre ellos v. en el Anexo: prensa de la época).

En todo caso nada fue probado, ni el venizelismo se vio obligado a rectificar. Las acusaciones se basaron en una serie de artículos del diario venizelista *Patrís* (del que hablamos anteriormente), que, sin documentación

---

[59] Filippis (2010).

[60] V.-Cl. pp. 169-170. Venizelos contestando a Theotokis.

para sus informaciones, acusó a la embajada de Alemania en Atenas de haber sobornado a algunos diarios y periodistas (sin dar ningún nombre), por medio de su funcionario, el barón Schenck von Schweinsberg, que finalmente fue expulsado. No obstante, aquellas acusaciones y la disputa en el Parlamento (en aquellas y otras sesiones) con respecto a la distribución postal de diarios y revistas, crearon también un profundo "cisma periodístico" entre la prensa venizelista y la antivenizelista (v. anexo).

La prensa política y cada diario desde su postura, fanática o moderada, de ahora en adelante harán su propia propaganda apoyando la violencia de ambas partes, venizelista o antivenizelista, como quedó plasmado en las sesiones parlamentarias. Por ejemplo, Venizelos recordó a Gúnaris haberle prohibido desembarcar en El Pireo cuando regresaba de Spetses, donde descansaba durante unos pocos días, "como si fuera un vulgar criminal" y, en otra ocasión, de "haber ordenado el día de la fiesta nacional que fuera cercada su casa" fuera de Atenas. Y lo más violento para el cretense fue que se trataba de la casa del "anterior presidente del Consejo, que también se había asociado y contribuido al esplendor de esa fiesta nacional después de los acontecimientos de 1912 y 1913". Por otra parte, y como mínimo, hablar de "tiranía venizelista" se había hecho casi una frase-eslogan entre la prensa antivenizelista, que recogió muchas veces desde entonces y hasta hoy aquella historiografía y ensayística muy negativas y conservadoras con respecto a Venizelos[61].

No cabe ninguna duda de que para Venizelos la división nacional se debía a la actitud "inquisitorial" de la prensa, así como a la actitud anti-constitucional del rey porque disponía de ejemplos y hechos evidentes. En la sesión del 28 de septiembre, el cretense manifestó que el Gobierno no tenía la confianza del Partido Liberal ni este aprobaba su política, pero aceptó ofrecerle colaboración legislativa, aunque el nuevo gabinete filomonárquico "se apartaba esencialmente" de las bases sobre las que se apoyaba la política venizelista. Según el cretense, "desde que este gobierno se presentó ante la Cámara hace ocho días (…) esta ha dejado de representar absolutamente la soberanía nacional para transformarse en una simple reunión, en un consejo de notables del pueblo helénico". Esa forma de gobierno, dirá en su primer discurso del 21 de octubre, "supone no una realeza constitucional, no una república (entiéndase democracia) presidida

---

[61] Para las frases entre comillas, v. V.-Cl. p. 99. Sobre la prensa del periodo en general, v. Drulia -Kutsopanagu (2002) y sobre la "tiranía venizelista", por ejemplo, *To Μέλλον* / El Futuro y otra prensa, cfr. Mútsianou (2023) p. 96.

por un rey, bajo la cual vivimos desde hace medio siglo, sino una constitución monárquica que entrega la suerte del país en manos de uno solo", una "tentativa, que no podría reportar ningún fruto, porque el pueblo griego sabe que la única constitución bajo la cual puede vivir y progresar es la realeza constitucional, la república con un rey"[62]. Frente a esta ilegalidad estatal y parlamentaria, Venizelos acusa al partido filomonárquico de esconderse detrás del rey que, como hombre político, no tiene la experiencia que la situación requiere y por consiguiente advierte que "en una hora tan solemne como esta" él no quiere "mostrar la menor acritud contra nadie", sólo "aspira a que no lo interpretasen cuando diga: ved lo que era Grecia en el momento en que fue confiada al partido liberal, y cuando os la transmitió; procurad no devolvérnosla algún día empequeñecida"[63].

Otra vez hablará del "pirronismo que constituye la característica de ciertos hombres, que no les permite realizar grandes acciones". Sería una acción más valiosa y valiente si sus adversarios "tuvieran el valor de aconsejar a la Corona la promulgación de un decreto por el que se declarara en suspenso la Constitución, al menos durante la guerra, sería menor vuestra responsabilidad" o aún, "conforme al sentido de la constitución parlamentaria", hubiera bastado con que el presidente Skouloudis, cuando le llamó el rey para la formación del nuevo Gobierno, le dijera que no debía elegirle, dado que el Gobierno liberal podía continuar en el gobierno ya que gozaba de la plena confianza parlamentaria[64]. Por tanto, la culpa fue de los que le dieron al rey semejantes consejos ya que, dada "su inexperiencia parlamentaria, no podría hacer el uso debido de sus poderes"[65]. Además, Venizelos declara que nunca dudó de que el rey quisiera el bien de Grecia, sin embargo, la cuestión era saber quién ve las cosas más justamente y no hablar de la opinión del rey en el Parlamento, porque eso es antiparlamentario y él, según afirma, "nunca ha sido antiparlamentario"[66].

En todo caso, durante aquellas sesiones el cretense tuvo razón al defender su parlamentarismo de quien le tachaba de "autócrata o déspota", "por seguir teniendo la confianza del pueblo, tan duradera y tan digna" y, por tanto, nadie le "podía acusar de haberse apoyado en ella para permanecer

---

[62] V.-Cl., p. 133.
[63] Ibid. p. 119.
[64] Ibid. p. 113.
[65] Ibid. p.159.
[66] Ibid. Subtitulo, p.171.

en el poder"[67]. Era verdad que, hasta aquel momento, por lo menos, no se ponía en duda el parlamentarismo del cretense, cuyos adversarios seguían representando al antiguo régimen oligárquico y por definición antiparlamentario, "a excepción de una personalidad tan eminente como la del inolvidable Trikoupis"[68]. Sin más glosas nuestras, va a continuación el "epílogo" solemne con el que el cretense concluyó aquella sesión de octubre…

"Después de dos guerras victoriosas no hemos tenido tiempo, desgraciadamente, de aprovechar el valor de los territorios recientemente conquistados; de organizar a la Grecia engrandecida de manera que pudiera aparecer en lo posible como un Estado modelo, ni de gozar las ventajas y los beneficios que pueden resultar de la ampliación de nuestras fronteras. Nuestro pueblo no ha conocido hasta el presente, más que los sacrificios que tuvo que imponerse para ensanchar los límites del país y la satisfacción moral que reporta el saber que formamos un Estado más grande que antes; pero, desde el punto de vista material, desde el punto de vista más mezquino de los intereses económicos, aún no ha conseguido ver lo que ha ganado con el engrandecimiento del país. ¡Y qué! Todavía hoy tenemos que hablarle de nuevos sacrificios, sacrificios que deberán conducirnos, señores diputados, tengo la firmísima convicción, todo lo firme que en cuestiones de esta índole es capaz un ser humano, a la formación de una Grecia grande y poderosa, que no extenderá abusivamente sus fronteras, sino que volverá a sus antiguos límites, dentro de los cuales se desenvuelve su acción desde los tiempos prehistóricos, a la formación, repito de una gran Grecia, fuerte y poderosa, capaz de desarrollar en su territorio una industria activa y adecuada a las necesidades que tenga que satisfacer, de acordar tratados de comercio con otros países en las mejores condiciones, capaz de proteger al ciudadano heleno hasta el punto que le permita decir con orgullo: 'Soy griego', convencido de que el Estado tiene el propósito de defenderle en toda circunstancia y, además, poder para protegerle allí donde se halle, aunque sea contra Estados grandes y poderosos, en lugar de verse expuesto, como hoy, a toda clase

---

[67] Ibid. p. 172.
[68] Ibid. p. 175.

de persecuciones y atropellos, como les ocurre a los súbditos griegos, faltos al presente de toda protección.

Pensad en eso y comprenderéis la razón que tenía para decir hace un momento que me invade una tristeza infinita, y no a mí solamente, sino a todo el partido liberal, al ver que sin quererlo estáis conduciendo al país a una ruina cierta, porque le obligaréis infaliblemente a entablar una guerra en las condiciones más adversas, en las condiciones más desfavorables, al dejar escapar ahora una de esas ocasiones que sólo se le presentan a un país cada mil años, la ocasión de crear la Magna Grecia, poderosa y grande"[69].

Una vez más, después de este discurso aplaudido con delirante entusiasmo, fue consagrada la política de Venizelos con el voto de la mayoría de la Cámara, dice Clavel. Al día siguiente, dimitido el gabinete Zaimis, como se ha dicho, y el rey Constantino, siempre partidario de la neutralidad, nombró para sustituirle a Skouloudis, con escasas modificaciones en el Gobierno, y cuyo principal objetivo sería el de gestionar las elecciones generales extraordinarias. Estas, como se dijo, se convocaron para el 6/19 de diciembre de 1915. Mientras tanto, el cretense las denunciaría con su manifiesto al país...

2.5. *Manifiesto(s) contra la comedia monárquica prusiana*

La convocatoria de elecciones provocó la publicación de aquel manifiesto. En las elecciones anteriores (mayo de 1915) acudieron a votar 703.000 ciudadanos, pero en esta ocasión solo 334.000 (y se trataba de los no movilizados), lo que demuestra en todo caso, el impacto que tuvo en el electorado el manifiesto que el cretense había dirigido al país denunciando esas elecciones. Las ganó con 256 escaños sobre los 334 el líder nacionalista Dimitrios Gúnaris.

Venizelos, que antes había unido el porvenir de Grecia al resultado de la guerra europea y a la crisis exterior que produciría esta, unirá ahora la crisis interna causada por la abolición de los principios liberales de la Constitución que habían servido durante cincuenta años para conseguir gran parte de las aspiraciones del país y liberar a la población que pasó a formar parte de Grecia con las ampliaciones del territorio griego como consecuencia de las guerras balcánicas.

---

[69] Ibid. p. 193.

El manifiesto venizelista basaba la abolición de los principios liberales en la convocatoria de elecciones porque "la representación nacional había dejado de estar de acuerdo con la opinión pública", en la privación de los derechos electorales de aquellos que estaban en el frente y no podrían votar y en la desautorización de los resultados electorales que dieron la mayoría al Partido Liberal mediante disoluciones de la Cámara[70]. Se había inaugurado con ello "un sistema político al modo prusiano en el que el órgano supremo del Estado es el monarca", que conculcaba el Artículo 21 de la Constitución griega (ndr. "todos los poderes emanan de la Nación y se efectúan según ordena la Constitución").

Y esas elecciones se celebraron, como destaca el manifiesto y así ocurrió, con la mitad de los electores movilizados, cuando todos ellos estaban en armas porque el Gobierno temía, al sostener la movilización, que tuviera que defender la integridad territorial. Un número importante de diputados liberales no pudieron participar en la campaña electoral por estar movilizados y el Gobierno pretendía, según sostenía Venizelos en aquel manifiesto, conceder permiso a sus partidarios la víspera de las elecciones para que pudieran votar, pero serían retenidos en sus regimientos los que no fueran amigos del Gobierno. Votarán, se decía en el manifiesto y así ocurrió, los viejos, los inútiles para la guerra y los impedidos y, sobre todo, la Grecia vieja. Estos y aquella decidirán con su voto la suerte de la nación. Es decir, "una violación de la ley constitucional y de la moral" por el incumplimiento de un tratado, que "permitió a Grecia extender sus fronteras hasta el Nestos, la ruptura con sus amigos naturales y el envilecimiento de nuestro régimen político".

Y el cretense concluía en su manifiesto: ante esa "comedia política" el Partido Liberal no podía dar apariencia de legalidad a las elecciones, tenía que abstenerse, y se abstuvo, y dejó al Gobierno la responsabilidad de la situación, de la desviación del régimen político y de los desastres que su política causase y previno a su partido de "otros desastres que podrían resultar de una lucha intestina que podría surgir, extenderse rápidamente y agudizarse en medio de una crisis exterior".

Según la historiografía posterior, aquel manifiesto, aunque claro y combativo presentaba una expresa debilidad: el cretense prometía a sus aficionados una rebelión en un futuro no determinado, pero para aquel presente

---

[70] Batallas de II Guerra Balcánica, junio de 1913, entre los ejércitos griego y búlgaro. Las fuerzas griegas seguían estando en aquellos territorios para hacer frente a un posible ataque búlgaro.

inmediato no les ofrecía ninguna solución ni instrucción. Para el régimen constantinista el manifiesto constituía casi una rebelión. El mismo Venizelos esperaba que lo encarcelasen. Sin embargo, prevaleció la opinión de Theotokis de que su persecución no convenía porque "lo convertiría en héroe", aunque las persecuciones contra los venizelistas fueron muy duras por parte de Gúnaris, ministro del Interior[71].

2.6. Κήρυξ / Kírix

"Lo dicho, dicho está, y lo escrito queda". El aforismo es del cretense, según dice el prólogo de la edición española firmado por él. De los tres últimos artículos se ha hablado, ya que se refieren, sobre todo, a la política exterior (punto 2.4.1).

Con los demás el cretense pone el dedo sobre la herida de su discrepancia con el rey y denuncia su actitud anticonstitucional acusando al monarca de:

a. Alentar la "propaganda filoalemana de la prensa", aplicar la "tendencia absolutista", practicar la "prohibición de las reuniones públicas" y "oprimir y sojuzgar al pueblo".

b. No elegir ser el "regulador de un régimen liberal parlamentario" y preferir "proclamar nuevos dogmas constitucionales germano-griegos para constituir su Gobierno a su capricho y voluntad, como hubiera hecho exactamente el emperador de Alemania".

c. Convertir la Constitución "en un 'pedazo de papel' de consumo interior, así como los tratados son 'pedazos de papel' de uso internacional".

d. Hacer del monarquismo helénico "un monarquismo bastardo que se inspirara no sólo en las concepciones constitucionales prusianas, sino también en las teorías jurídicas pangermanistas".

Y, finalmente, apostilla y explica "por qué no hace la revolución": "En nuestra patria no hay otro revolucionario que el propio régimen gubernamental, al violar el régimen establecido. El Partido Liberal, que defiende este régimen, no tiene, por lo tanto, ninguna razón para sublevarse"[72]. Esto

---

[71] Mavrogordatos-Cuadernos (2015), p. 72.

[72] Cfr, los dos artículos, V.-Cl. "Monarquismo y revolucionarismo", pp. 219-223, y "Por qué no hago la revolución", pp. 205-207.

lo tendremos en consideración cuando intentemos contestar, más adelante, a la pregunta de qué era Venizelos, monárquico o republicano.

Como vemos, el cisma nacional ya se estaba consumando y los actos de violencia de unos contra otros se habían hecho costumbre, ya que, según destaca el cretense, por culpa de cierta prensa,

> "La prensa liberal está sometida a las amenazas contra la fortuna y la vida de sus directores y redactores, amenazas formuladas en nombre de la fuerza gubernamental, es decir, en nombre de los que son principalmente los encargados de mantener el orden público y velar por la seguridad de los ciudadanos por defecto de una verdadera Cámara, el control parlamentario que era necesario tras la presente desviación constitucional. La prohibición de las reuniones públicas, ¿no es el rasgo característico y principal de las tendencias absolutistas?".

Así, "en plena Atenas se ha establecido un odioso sistema de espionaje inquisitorial, que recuerda una época de decadencia y de concepciones bárbaras del Estado"[73].

Entre el otoño de 1915 y mayo de 1916 había empezado ya lo que marcaría la historia de Grecia: una época de división nacional muy larga que llegó casi hasta la transición en 1974 cuando, finalmente, fue resuelta la cuestión del Estado.

---

[73] Cfr. V.-Cl. pp. 214-216, "Déspotas y espías" en combinación con las pp. 61-64 "La prensa vendida".

CAPÍTULO 3

LAS DOS GRECIAS ANTE GRECIA

Venizelos se veía como el más capaz para gobernar la situación de Grecia, por supuesto desde el poder, y las potencias occidentales le veían como un baluarte de sus intereses.

3.1. *Anatema, pan con olivas y Lázaro*

Venizelos estaba persuadido y cada vez más seguro de la victoria de los aliados de la Entente, según resulta del texto siguiente:

> "No habiéndose obtenido en el primer momento resultados inmediatos y fulminantes, cabe decir que la victoria final no es absolutamente cierta para la agrupación a que pertenece el coloso germánico. El otro grupo posee en hombres y dinero más recursos que puedan poseer los imperios centrales, y a medida que vaya pasando el tiempo, irán teniendo más facilidades para completar su organización, tan imperfecta al principio, y esto hará que la victoria de un grupo de beligerantes, que se consideraba segura, vaya siendo cada vez más dudosa"[1].

Evidentemente, esto era lo que deseaban también los círculos liberales en Occidente, ya que frente a la inminente disolución definitiva del Imperio otomano y ante una solución duradera de la cuestión de oriente, los gobiernos y las élites liberales de las dos grandes potencias democráticas europeas (Gran Bretaña y Francia) no excluían la idea de que una Grecia venizelista, liberal y reformadora pudiera convertirse en una fuerza periférica fiable que garantizara sus intereses, por supuesto. Por esta razón, y a pesar del desacuerdo de Italia que veía en la Grecia venizelista un rival que podía comprometer sus intereses en el Dodecaneso y el Mediterráneo oriental, las dos potencias intervinieron para restaurar a Venizelos en el poder. Le gustara o no, pocos meses después de la edición del libro que

---

[1] V.-Cl. p. 108.

comentamos, el cretense volvía al poder gracias a las bayonetas extranjeras, que asediaron la capital griega y el sur de la Vieja Grecia causando miles de muertos antivenizelistas. Mientras tanto, las potencias Centrales el 10/23 de mayo de 1916 habían ocupado, sin ninguna resistencia griega, la hondonada de Rúpel y enseguida la Macedonia oriental (en agosto), obligando a miles de griegos a refugiarse y otros miles a morir de hambre durante el asedio, mientras que las tropas griegas, defensoras de Kavala, se vieron obligadas a transportarse, "voluntariamente humilladas", a Austria (Görlitz)[2]. Los hechos fueron como sigue…

Con Salónica siguiendo prácticamente sitiada por las tropas aliadas, en la Vieja Grecia se sucedieron tres gobiernos monárquicos entre junio y septiembre de 1916[3].Mientras Venizelos y Gúnaris pugnaban con sus discursos por atraer a las masas a su campo político[4], los italianos ocuparon parte de Epiro y abolieron las autoridades griegas locales (agosto de 1916). En paralelo la organización militar provenizelista "Defensa Nacional" prosiguió con un golpe en Salónica, cuyo resultado fue la formación del gobierno provisional venizelista, revolucionario, nacional y nacionalista, primero en Candia (Creta) y luego en Salónica (septiembre de 1916).

Grecia ya estaba partida en dos, entre el gobierno monárquico-constantinista, igualmente nacional y nacionalista de Atenas y el venizelista de Salónica, pero ambos reivindicaban, directa o indirectamente, la denominación "nacional". Ambos contaban con sus militantes reservistas —batallones de reservistas— y nacionalistas (uno de sus primeros actos en Atenas fue el de pintar de rojo la casa de la escritora de relatos infantiles Penélope Delta, gran amiga de Venizelos y perseguir a Emanuel Benakis, alcalde de Atenas, de 73 años, quien fue herido en la cabeza, detenido y acusado de "alta traición" junto con numerosos diputados, catedráticos, médicos y abogados)[5]. Los aliados concedieron, de hecho, su apoyo al gobierno

---

[2] Para estos párrafos aquí y a continuación, v. la síntesis en Morcillo (2007), p. 327-339, que se basa sobre todo en Clogg y Vacalópoulos (1995).

[3] Otra vez, Zaimis sustituyó a Skouloudis en junio, Kalogerópoulos a Zaimis en agosto y Lambros a Zaimis en septiembre de 1916.

[4] El plenipotenciario remitió los discursos al ministro de Estado español y los comparó. Venizelos fue "elocuente en todas sus acepciones", y Gúnaris "estuvo poco afortunado en su oración" y comparada la manifestación con la de Venizelos resultó "incolora e insípida".

[5] Las fuerzas citadas fueron muy utilizadas en la década de los años treinta tanto por los venizelistas como por los antivenizelistas y constituyeron el germen del prefascismo o protofascismo o fascismo griego junto a la antisemita Unión Nacional de Grecia (Énosis Elás, conocida también como 3E). La Asociación Panhelénica de Reservistas fue fundada en 1916

formado en Salónica por Venizelos y su amigo, el mariscal Koundouriotis. En diciembre de 1916, soldados franceses e ingleses, bajo las órdenes del almirante francés Dartige de Fournet, desembarcaron en El Pireo y Atenas con el objetivo de asegurar la neutralidad de las zonas controladas por el Gobierno monárquico, colaborar en el suministro de material bélico y asegurar el control de la red ferroviaria que iba hacia el norte. Al bloqueo le siguieron por todo el país una serie de purgas de conocidos partidarios de Venizelos, que se habían mantenido leales al rey y, frente a esta situación, los aliados impusieron fuertes indemnizaciones y decretaron el segundo bloqueo de puertos y costas de Grecia. En aquella circunstancia tuvo lugar la masacre de decenas de antivenizelistas en Naxos (Apirazu) en diciembre de 1916. Además, el bloqueo causó serios problemas en las zonas controladas por los monárquicos porque mucha gente murió de hambre y unas decenas de soldados aliados resultaron heridos o muertos por los complots, que fueron una reacción natural del pueblo filomonárquico asediado. Entonces, los constantinistas fanáticos inventaron el lema "Constantino rey y a comer pan con olivas"[6].

En el mismo diciembre de 1916 los ministros aliados presentaron a Grecia una nota colectiva en términos conminatorios exigiendo el traslado de tropas y material de guerra y una total reparación por lo ocurrido, advirtiendo que el bloqueo continuaría hasta que se cumpliesen todas las exigencias[7]. Como respuesta, y por iniciativa de la Iglesia ortodoxa, de la Grecia monárquica emanó el anatema contra "Venizelos el traidor", un verdadero "auto de fe" que se consumó en el Campo de Ares (Marte romano) en el centro de Atenas (12/25 de diciembre)[8].

El nuevo año, 1917, empezó con una ceremonia de humillación que tuvo lugar en el Zapion, en el centro de Atenas. Los aliados obligaron a que la bandera griega "se inclinara" ante las banderas y tropas aliadas (16/29 de enero). En medio de aquel caos dimitió el gobierno del historiador Spiridon Lambros y otra vez regresó Zaimis. A pesar de todo, el ejército griego pasó al contratanque y dobló al búlgaro en Macedonia, pero los italianos ocuparán Yánina (mayo de 1917). Frente a la insistencia de los anglo-franceses,

---

como organización política de masas relacionada con los movimientos protofascistas contra la burguesía liberal y la interferencia extranjera. Sobre esto, Filippís (2010).

[6] *Ψωμί, ελιά και Κώτσο βασιλιά* / Psomí, eliá ke Kotso vasiliá. Se trata de un eslogan que defendía la teoría de los monárquicos de la "pequeña y honrada Grecia".

[7] Cfr., Morcillo (2007), p. 330, que cita a Venizelos, Libro Blanco, Atenas, 1917.

[8] Se trata de una plaza-parque central en Atenas, *Πεδίον του Άρεως* / Pedion tu Areos.

que pidieron la dimisión del rey en abril, Constantino abdicó, finalmente, el 2/15 de junio de 1917, pero no en su primogénito, Jorge II, sino en su segundo hijo, Alejandro, según habían dictado los aliados[9].

Según una revelación muy posterior, la reacción del monarca destronado fue inmediata: propuso a su yerno, el Kaiser alemán, apoyar su plan de contrarrevolución-conspiración monárquica contra Venizelos. Según ese plan, el rey exiliado en Suiza encabezaría el cuerpo militar griego de Görlitz reforzado con tropas búlgaro-alemanas e invadiría la Macedonia griega. Las maniobras del rey las llevaron a cabo en agosto de aquel año 1917 sus estrechos colaboradores y antiguos ministros, Georgios Streit y Nicólaos Theotokis. Según dicho plan, Constantino I se declaraba aún dispuesto a conceder Salónica a Bulgaria y estaba listo, incluso, para ser rey de un reino fragmentado, pero Alemania, finalmente, rechazó el "plan constantinista" porque no convenía a sus intereses responder a la demanda del rey griego, aunque aceptó sobornar otra vez a cierta prensa antivenizelista y apoyó los contactos de los "constantinistas griegos" con Lenin, a quien los planes del rey no le parecieron nada serios[10].

Mientras que Salónica (medio destruida por el gran incendio de agosto 1917) y la Nueva Grecia, ambas venizelistas, empezaban a gozar de sus primeros privilegios por la reforma agraria del gobierno venizelista instaurado en la ciudad (desamortización de los grandes latifundios para que las tierras llegaran a manos de jornaleros y refugiados), en Atenas y la Vieja Grecia, ambas filomonárquicas, sufrían una cadena de duras persecuciones (exilios y encarcelamientos de muchos monárquicos), lanzada por el gobierno venizelista, que fue trasladado a la capital (14/27 de junio), bajo la protección aliada. En medio de este clima, el cretense convence al rey Alejandro para que firmara un decreto con el que abolió el Congreso de las elecciones del 6/19 de diciembre de 1915 (en las que, según recuerda el lector, se abstuvieron los liberales venizelistas), "resucitando" el de las elecciones del 31 de mayo / 13 de junio de 1915 (en las que habían triunfado los venizelistas). Una de las primeras medidas de aquel "Parlamento Lázaro" fue la entrada de Grecia en la Gran Guerra y uno de sus primeros proyectos de ley fue la introducción del habla cotidiano y vulgar en la educación primaria, en un momento en el que la cuestión lingüística avivaba aún más la división y el chovinismo nacional y cultural.

---

[9] Cfr. *Ιστορία του Ελληνικού Έθνους* (Istoría tu Elinikú Ethnus / Historia de la Nación Helena τ.IE, (Iconomou y Leodaritis) p. 46-56. En adelante *IEE*.

[10] Cfr., Leon (1990) y ed. griega Leontaritis (2000), p. 127-137.

Hay que subrayarlo: el cretense no prosiguió con sus planes sin el acuerdo del nuevo rey Alejandro (que en algún caso encabezaba las tropas victoriosas griegas), con quien se entendía bien hasta el punto que el joven rey en su coronación no censuró el texto del discurso de Venizelos que condenaba el régimen de su padre Constantino I (lo que provocó la ira y la desilusión del padre que casi dejó de tener contacto con su hijo por su buena relación "con el satanás Venizelos") y más tarde le pidió al cretense que le diera su "bendición" para casarse con una "mujer común" (sin sangre real) Aspasía Manu. En todo caso, como se ha dicho, este rey murió muy joven a los 27 años (por el mordisco de un mono) el 12 de octubre de 1920, a veinte días de las elecciones generales del primero de noviembre, que perdió Venizelos y se restauró a Constantino por el vencedor Partido Popular[11] ...

En todo caso, a aquellas medidas reformadoras-desamortizadoras del cretense que pueden entenderse como de "embellecimiento democrático" verdadero para los venizelistas (o de "embellecimiento de la dictadura o tiranía venizelista" para los antivenizelistas fanáticos) hay que sumar otros "matices democráticos" que caracterizaron la política del cretense durante el año siguiente, 1918. Venizelos no se mostró indiferente frente a la revolución de octubre de 1917 en Rusia, y permitió la formación de organizaciones sindicalistas y políticas, como por ejemplo la realización del Congreso obrero en octubre de 1918 en Atenas con la participación de muchas asociaciones de trabajadores y más de 65.000 militantes, que crearon la Asociación General de Trabajadores, y convocaron el Congreso fundacional del Partido Socialista Obrero Griego, que luego, en 1921, se denominó Partido Comunista Griego[12]. El cretense, gran lector y buen intelectual, estaba enterado de las ideas marxistas y trató de evitar el enfrentamiento de clases. Teniendo en cuenta esto, cierta historiografía posterior considera a Venizelos un padre del capitalismo moderno griego. Su trayectoria posterior demuestra que, como un político burgués de su época, era más anticomunista que antifascista, pero fue el antivenizelismo quien revindicó algunos lemas anticapitalistas porque aprovechó el descontento y el rencor de las clases medias y trabajadoras de la Vieja Grecia hacia el cretense, así

---

[11] Meletópoulos, (1994).

[12] Asociación General de Trabajadores: *Γενική Συνομοσπονδία Εργατών Ελλάδας* (ΓΣΣΕ, Genikí Synomospondía Ergaton Eladas). Al año siguiente, el 1 de mayo de 1919, la asociación se dividió entre los sindicalistas venizelistas y los socialistas del *Σοσιαλιστικό Εργατικό Κόμμα Ελλάδος* (ΣΕΚΕ-Sosialisticó Ergaticó Koma Eladas, luego *Κομμουνιστικό Κόμμα Ελλάδας*, KKE-Komunistikó Koma Eladas).

como la común propaganda antibélica del antivenizelismo y el movimiento socialista apenas surgido, y en muchos casos, socialistas y antivenizelistas coincidieron[13].

En todo caso, aquel "embellecimiento democrático" fue un intento de Venizelos para recuperar la paz social y superar la división nacional como contrapartida a los grandes acontecimientos bélicos de aquel año, que supusieron grandes sacrificios del pueblo y del ejército. El ejército griego aplastó por completo al búlgaro, sobre todo en la batalla de Skra (Kilkís), en mayo, y liberó toda la Macedonia ocupada (Serres, Drama, Kavala), obligando a Bulgaria a firmar un armisticio con los aliados en Salónica (19 de septiembre / 2 de octubre de 1918). De este glorioso modo, "Grecia participó con retraso, y en su fase final, en la Gran Guerra, que terminaba definitivamente, tras la victoria aliada, con el armisticio de Mudros (Lemnos) a finales de aquel mismo octubre de 1918[14].

Enseguida tras la firma del armisticio, el comité neoturco se disolvió y sus lideres huyeron al extranjero. En Constantinopla, la oposición liberal asumió el Gobierno del Imperio otomano, ya moribundo, en medio de revueltas y el descontento popular por el hambre y las demás calamidades de la guerra. En el nuevo Gobierno, al greco-otomano Constantinos Vagianis se le encargó el ministerio de Comercio y Agricultura. Al mes siguiente, en noviembre de 1918, los aliados desembarcaron sus tropas en la ciudad, acompañadas por el histórico acorazado griego "Averof", lo que provocó el gran entusiasmo de la comunidad griega y de las demás poblaciones no musulmanas. Al contrario, la población musulmana no tenía ninguna razón para estar contenta y gradualmente pasó a la resistencia. La Gran Guerra había terminado, pero la "alargaría" la guerra greco-turca que comenzaría pocos meses después con el desembarco griego en Esmirna en mayo de 1919. Y con él se profundizaría el cisma entre las dos Grecias[15]…

3.2. *Un triunfo de porcelana*

En enero de 1919, Venizelos envió un cuerpo de ejército a Odesa (Ucrania), para combatir contra los bolcheviques, que fue derrotado, y con él el helenismo del sur de Rusia (Crimea, Sebastopol, Mariúpol, etc.) recibió un golpe. Unos miles de greco-rusos llegaron a Grecia como refugiados en ese

---

[13] Cfr. Mavrocordatos (2015), pp. 236-237.

[14] Cfr. *IEE*, τ.ΙΕ, (Despotópoulos) p. 56-74. Sobre los tratados que fueron firmados v. 4.2.

[15] Rizas-Boura (2023).

año, sin crear muchos problemas a la hora de establecerse por su exiguo número dado que unos 550.000 exiliados encontraron refugio en la costa del Mar Negro desde Odesa (Ucrania) hasta Batumi (Georgia) y Bakú (Azerbaiyán)[16]. ¿Por qué comprometió Venizelos a Grecia en esa aventura con la expedición a Odesa, provocando el rencor de los bolcheviques hacia Grecia que dio como resultado el casi inmediato acuerdo de ayuda militar de Lenin a Kemal? Respuesta: para tener una ventaja más a la hora de estar con los vencedores aliados de la Entente en la larga negociación de la conferencia de paz en París. Venizelos era un hábil negociador político y un corredor de fondo, no hay que olvidarlo. Por la misma razón, propuso la campaña en Galípoli, como dijimos. El cretense seguía defendiendo la idea de que Grecia debería tener un estado aliado en caso de que el Pontos y Armenia consiguieran independizarse en un estado confederal a espaldas de Turquía (un plan que se descartó definitivamente tras la derrota de los armenios por los turcos en mayo de 1922)[17].

En abril de aquel 1919, los aliados habían propuesto a Venizelos examinar la posibilidad de que Grecia ocupara Constantinopla y el mar de Mármara (entonces bajo estado internacional, recordamos), mientras que el Imperio otomano continuara con sus dominios asiáticos. El cretense rechazó la propuesta aliada ya que la prioridad para él seguía siendo la defensa del helenismo en Esmirna. Según una conclusión fiable de entonces "Venizelos estaba convencido de que la ocupación de Esmirna conduciría a la gradual posesión de Constantinopla y no al contrario"[18]. Mientras tanto, en la misma Constantinopla, la comunidad griega volvió la mirada a Grecia y apoyó la diplomacia de Venizelos. El Patriarcado decidió interrumpir sus relaciones con la Sublime Puerta y los griegos otomanos se abstuvieron en las elecciones generales de aquel año de 1919. El nuevo Parlamento otomano se convocó en enero de 1920 sin ninguna participación griega, pero al mes siguiente, febrero de 1920, Mustafá Kemal declaró su independencia del Gobierno de Estambul con la Gran Asamblea Nacional Turca que creó en Ankara[19].

---

[16] Muchos luego fueron otra vez expulsados por Stalin. En todo caso, como ha demostrado la actual guerra entre Rusia y Ucrania, sigue existiendo en esta última una minoría griega que ha conservado su propio idioma de origen griego, en varios dialectos.

[17] Cfr. sobre estos temas, Veremis (1980).

[18] Análisis sobre el tema, Mavrogordatos (2015) pp. 122-140 que habla de "ceguera con Esmirna", Sakelarópoulos (1960), cap. I, y Filippis (2010), cap. 1 y 2. La referencia v. Toynbee (ed. Griega 2003), p. 98.

[19] Rizas-Boura (2023). Sobre la cuestión de Constantinopla volveremos a hablar en el punto 4.2.

Pero volvámonos al orden cronológico. A los anglo-franceses les cogió de sorpresa la precipitada ocupación italiana de Antalya y parte de la región de Esmirna en marzo de 1919 (una ocupación que fue acompañada por una serie de atrocidades de italianos y turcos hacia la comunidad griega). Así, tras el golpe de mano italiano a las dos grandes potencias y a cambio de la expedición griega a Ucrania, avalaron a Venizelos con su plan de enviar tropas y ocupar Esmirna y cuerpos militares griegos la ocuparon "para proteger los derechos de la gran comunidad griega en Asia Menor", dado que a aquella "comunidad milenaria" le afectaban directamente las resoluciones de la llamada "cuestión oriental". Pero ¿quién convenció a quién, los anglo-franceses a Venizelos, o este a ellos? Hay dudas respecto de si París y Londres se lo pidieron a Venizelos a cambio de que garantizara sus intereses en Asia Menor frente a Roma, cuyo objetivo era el de "italianizar" la región. Como dijimos, con el tratado de Londres (1915) los aliados confiaron a Italia la administración de la región de Antalya (en la costa turca frente a Chipre) y con el tratado de Saint-Jean-de Maurienne (1917) la de Esmirna[20]. Según la diplomacia de Estados Unidos, que mantuvo la distancia con aquellos hechos (por la política de "autodeterminación de las naciones" del presidente Wilson), "aquella falta de solidaridad colectiva por parte de los aliados podría conducir a Grecia a la catástrofe"[21].

A pesar de ello, según la postura venizelista, no había ninguna razón para que Grecia fuera privada de la posibilidad de su extensión territorial, de la que habían gozado ya otros pueblos de Europa oriental (polacos, checos, rumanos, serbios) y sin tener la ventaja de una presencia milenaria en los territorios pendientes de resolución[22]. Además, desde el comienzo, Venizelos habló de una ocupación cultural de la zona, ya que quería que Esmirna estuviese en la vanguardia del helenismo como ciudad-puente entre las culturas occidental y oriental. Por esto, la primera prioridad del cretense fue la construcción de la Universidad de Esmirna, un proyecto que confió a Constantino Carathéodory (1873-1950), buen amigo suyo, matemático de fama mundial, ya académico y profesor en universidades alemanas. La Universidad de Esmirna hubiera sido la segunda universidad griega tras la de Atenas. Pero la catástrofe de 1922 fue desastrosa para ella. El edificio estaba situado en el centro de la ciudad y se salvó en gran parte porque el Estado turco lo convirtió después en un liceo para alumnas (Izmir

---

[20] Cfr. Toynbee (ed. Griega, 2003), pp. 100-110. También, Filippís (2010), cap. 1 y 2.

[21] Hurton (ed. Griega 2015). Gramaticopoulou-EAP (2024), p. 94.

[22] Svolópoulos (2009), p. 26.

Kiz Lisesi). Estaban listos para funcionar los departamentos de agricultura, educación técnica, educación de funcionarios administrativos, enfermedades infecciosas y lenguas orientales[23].

De uno u otro modo, justo cien años tras la Guerra de Independencia de Grecia contra el imperio turco-otomano, y desde el punto de vista turco, empezaba otra Guerra de Independencia, esta vez de Turquía contra Grecia. Esta guerra se desarrollaría justo tras el final de la Gran Guerra con la victoria de la Entente en enero de 1918, que se confirmaba con el tratado de Paz con Alemania vencida (junio) y con sus aliados con Austria (tratado de Saint Germain-en-Laye, en septiembre) y con Bulgaria (de Neuilly, en 27 de noviembre) y, al año siguiente, 1920, con Hungría (de Trianon, en junio) y con Turquía (de Sèvres, 10 en agosto).

En todo caso con los tratados de Neuilly, se previó la emigración voluntaria entre Grecia y Bulgaria de sus comunidades recíprocas (los griegos de Bulgaria emigraron a Grecia y los búlgaros de Grecia a Bulgaria), mientras que Turquía, en primer lugar, y Bulgaria, en segundo, renunciaron a sus aspiraciones en la Tracia occidental que pasó a Grecia. Con el tratado de Sèvres, el Imperio otomano cedió la Tracia oriental hasta Çatalca (Mar Negro) a Grecia, mientras que pasaba a Grecia la administración de la región de Esmirna, que debería decidir con un plebiscito posterior su suerte (es decir, si definitivamente formaría parte de Grecia o no); las islas Quíos, Lesbos, Tasos, Samos e Icaria, ya griegas tras las guerras balcánicas, pasaron a formar parte de Grecia y también las islas Imbros y Ténedos. En el marco de las mismas negociaciones, que condujeron al pacto de Sèvres, Venizelos firmó dos acuerdos secretos con Italia, el Venizelos-Tittoni en junio que condujeron al pacto de Sèvres (agosto 1920), o de 1921 y el Venizelos-Bonin, que se incorporó al tratado de Sèvres y, prácticamente, corregía en algunos puntos el tratado anterior de Venizelos-Tittoni. A su vez, ambos tratados "corregían" el anterior de Saint-Jean-de-Maurienne (1917), que según se ha dicho, los aliados habían confiado la zona de Esmirna a Italia. En todo caso, con dichos tratados Italia cedía a Grecia el Dodecaneso excepto Rodas, que pasaría a Grecia si el pueblo así lo decidía mediante

---

[23] Tras la destrucción de aquella universidad, se creó en Salónica, 1926, la segunda universidad griega, hoy llamada Universidad Aristóteles. Caratheódory siguió siendo asesor del cretense en temas de educación y participó después en varias comisiones universitarias de Venizelos, Cfr. Jristopoulou (2014) y Bouzakis (2016). Agradecemos esta cita a nuestro colaborador y amigo Konstantinos Konstantópoulos.

un plebiscito posterior, y ambos países llegaron un acuerdo sobre sus líneas de influencia en Albania[24].

Con el tratado de Sèvres prácticamente concluyó el Congreso de Paz. En los 13 capítulos de aquel tratado, las regiones del Imperio otomano se repartían entre Gran Bretaña (se le concedían los "protectorados" de Mesopotamia –Iraq actual– y Palestina), Francia (tomaba los protectorados de Siria y Líbano) e Italia (Cilicia), mientras que se preveía la creación de tres estados independientes: Kurdistán, Armenia y Jetzaz (parte de la actual Arabia Saudí). Las penínsulas de Constantinopla y Nicomedia permanecían en el Imperio otomano, pero bajo administración aliada. Las tres potencias, Francia, Inglaterra e Italia, reconocían entre ellas sus respectivas "reivindicaciones preferidas" en Medio Oriente. Como era de esperar, este tratado fue firmado por el sultán y no fue aceptado por Kemal. Además, a la hora de su firma, se expresaron reservas por parte de Francia, mientras que USA y la URSS, cada una por sus motivos, se negaron a ratificarlo, USA, finalmente, no apoyó los 14 puntos de Wilson (derecho de autodeterminación de las naciones) y la URSS porque perdía definitivamente sus posesiones e intereses en la península de Constantinopla y el mar de Mármara. Por consiguiente, ambas potencias, así como Italia y Francia comenzaron negociaciones secretas con Kemal. Por tanto, dicho tratado resultó más frágil que las porcelanas que produce la región en la que se firmó[25].

Habían pasado unas pocas semanas desde su triunfo en Sèvres y desde la sesión especial del Parlamento que le proclamó "Digno hijo de la Patria" con algunos de sus diputados besándole la mano al salir de la sala como si fuese un obispo o un mesías, un gesto que, aunque él lo aceptó a pesar de la perplejidad que le causaba la iconoclasia de sus "creyentes fanáticos", produjo la sorpresa entre los corresponsales extranjeros que asistían a la sesión y la burla de los antivenizelistas. En todo caso, aquél triunfo fue comparado con los llamados "hechos de julio de 1920"[26], es decir, con el atentado fallido contra Venizelos en París del 30 de julio, cuyos autores fueron dos militares antivenizelistas de baja graduación, y un día después el atentado contra el ideólogo antivenizelista Ion Dragumis, que fue asesinado en Atenas por fuerzas policiales de la guardia personal del cretense. Terminaba así un trienio de dura persecución contra los antivenizelistas,

---

[24] Cfr., Filippís, (2010), donde se publicó por primera vez del acuerdo secreto de Venizelos-Tittoni (p. 320-322).

[25] La frase de, Yanoulópoulos-IEE (1978).

[26] *Ιουλιανά* / Iulianá.

84

por "la tiranía venizelista" según ellos la definieron, como se ha dicho. En todo caso, según consta y a pesar del manto parlamentario que vistió, el régimen venizelista del periodo 1917-1920 no constituyó, de ninguna manera, una vuelta a la normalidad constitucional. El cretense, como dijimos, volvió al poder en 1917 gracias a las bayonetas extranjeras y "suscitó" el parlamento que le convenía (el de las elecciones de la primavera de 1915 y no el de las últimas elecciones de diciembre de aquel año) y por los pogromos contra los antivenizelistas[27].

Mientras tanto, y a pesar de las grandes esperanzas que creó en Grecia la presencia del ejército griego en Asia Menor, y tras victorias y derrotas frente a las fuerzas de Atatürk, Grecia, su ejército en Asia Menor y Venizelos con él, pagaron caro tanto aquellos episodios como su desprecio a Kemal (que la prensa británica le tachaba de "un buscador de fortuna"). Primero porque tuvo muchas bajas y segundo porque perdió las elecciones de noviembre de 1920 y ni siquiera consiguió ser elegido diputado. Al explicar aquella derrota en las elecciones a su íntima amiga, la escritora Penélope Delta, el cretense le confesó que tardó en darse cuenta del enorme cansancio del pueblo por los sacrificios que le costaba su gran idea. Entonces, se exilió en París.

3.3. *Hacia la catástrofe*

A partir de entonces, la guerra greco-turca siguió con los antivenizelistas en el poder, que, tras la repentina muerte del rey Alejandro, restauraron en el trono a Constantino I (de salud muy débil) sin tener en cuenta la advertencia de la Entente, excepto Italia, de no proseguir con tal decisión, ya que perjudicaría las relaciones de Grecia con sus aliados y, a la vez, facilitaría el acercamiento de ellos con Kemal. Lo cierto es que la restauración del rey mediante un referéndum amañado fue un buen pretexto para la retirada:

a. Del apoyo económico. Las potencias dejaron de financiar la deuda griega por los gastos de la guerra y en abril de 1922 el gobierno antivenizelista tuvo que devaluar la dracma[28].

b. Y el apoyo militar a la Grecia antivenizelista por parte de Francia e Inglaterra, una amenaza que los aliados habían lanzado a Atenas ya antes del plebiscito, que recogieron algunas fuentes españolas. "Gran Bretaña,

---

[27] Mavrokordatos (2015), p. 112-122.
[28] Sobre la devaluación de la dracma v. nota 47 de este capítulo.

Francia e Italia expresaron su oposición al retorno del rey, pero en el plebiscito que se celebró, evidentemente amañado, 999.960 votos fueron a favor de la restauración de la monarquía y sólo 10.383 en contra"[29]. Por otra parte, el gobierno antivenizelista acordó con el de Inglaterra "renunciar a parte de los créditos prometidos por las potencias", mientras que el presidente del Consejo de ministros se negó a contestar en el Parlamento a la pregunta sobre la "impuesta incitación por parte del Gobierno británico a los griegos para internarse en Asia Menor", pregunta que tuvo como base la publicación por el periódico *Le Matin* de París de documentos secretos relativos a la política británica en Grecia.

Cuando los anglo-franceses cambiaron su política hacia Grecia se acercaron a la Turquía de Kemal, en un momento en que esta firmaba un tratado de amistad con la Rusia soviética (18 de marzo 1921), lo que supuso el abastecimiento de las tropas de Kemal y de sus guerrilleros (tsetes) con armamentos rusos[30], e imitando a los soviéticos, Italia y Francia firmaron tratados secretos con Turquía y enviaron armas a Kemal, mientras que por otra parte, el *Foreign Office*, que no podía confiar en el nuevo gobierno antivenizelista dejó de tener como primer objetivo la victoria griega para que se impusiera de una vez el tratado de Sèvres y empezó a trabajar sobre el plan de un nuevo tratado de paz entre Grecia y Turquía, que podría, de momento y por lo menos, "suavizar" y gestionar el nacionalismo turco, según indicaba también Churchill[31]. Finalmente, bajo estas nuevas circunstancias, las potencias de la Entente se veían obligadas a revisar el tratado de Sèvres y, por consiguiente, su expansión colonial en el Medio Oriente, ahora a través de la Turquía de Kemal.

El clima internacional, que fue tan favorable para la Grecia venizelista en 1919, ya no lo era para la Grecia antivenizelista en 1920-21, que prácticamente se quedaba sin aliados y no quería darse cuenta de que, cuatro años tras el final de la Gran Guerra, los adversarios bélicos eran solo Grecia y

---

[29] Sobre la falta del apoyo aliado v. *El Sol,* 10 de noviembre de 1922, p. 5: "Las acusaciones del Comité revolucionario griego". El informe se hizo público en Atenas el día 8. "Grecia no podría contar con ningún apoyo mientras que Constantino permaneciera en el Trono". Sobre el referéndum v. Clogg (1988) p. 99.

[30] Tratado entre Francia y Turquía, Franklín-Boullon y Yusuf Kemal Bey (ministro de Exteriores del gobierno nacionalista de Ankara) y el tratado que Londres firmó con el emir Feisal, ambos en octubre de 1921. La bibliografía sobre estos temas, tanto la antigua como la más reciente, es amplia, v. también Heurtley, W.A., (ed alii) (1969), p. 145 y más general, Filippís (2010).

[31] Sakelarópoulos (1960), p. 185.

Turquía, sin las potencias, cuya única aspiración era la de conservar lo que tenían en Medio Oriente sin gastar ni sacrificar nada. La diplomacia española, como veremos, hizo una valoración de aquel cambio, por el que los griegos no podían contar ni esperar una mayor generosidad de sus antiguos aliados.

Por tanto, a posteriori resulta muy clara la conclusión. Por su división nacional, Grecia sin Venizelos no estaba en condiciones de entender la nueva situación en el ámbito internacional, tan nefasto y negativo para ella[32]. Una demostración de ello fue que el Partido Liberal, sin el cretense en el liderazgo, por lo menos físicamente, declaró que continuaría apoyando la campaña en Asia Menor, dado que nadie se atrevía ya a abandonar a los griegos *micrasiates*, cuya suerte y rol, según algún observador de la época, era el de "constituir o bien la vanguardia de una nación que avanza o bien la retaguardia de una nación que retrocede"[33]. Y lo cierto es que no mostró gran atención a este detalle aquella literatura e historiografía griegas, que insistían a posteriori en atribuir la catástrofe griega en Asia Menor principalmente a los aliados, "que habían convertido Grecia en el vehículo trágico de sus planes imperialistas", lo que, sin duda era cierto, pero también podría decirse, según otra opinión de la época, que se había convertido en un "títere vergonzoso en las manos de los aliados y, sobre todo, de los ingleses"[34].

Los cuatro gobiernos monárquicos antivenizelistas que gestionaron, junto al rey Constantino recién restaurado, la guerra greco-turca entre diciembre de 1920 y septiembre de 1922, fueron testimonio del retroceso continuo del ejército, sobre todo, a partir de la primera derrota en la campaña de Eski Sehir (enero de 1921) hasta la catástrofe final al año siguiente[35]. Venizelos desde el extranjero, donde se encontraba "autoexiliado", estuvo preocupado por la situación en que se encontraba el ejército griego a causa del agotamiento de los soldados, la gran dificultad de su abastecimiento y la sustitución de sus jefes con mucha experiencia bélica por otros inexpertos en gran medida. Es indicativo que se diera el siguiente caso: los jefes del ejército hicieron un sondeo entre sus oficiales para decidir la estrategia(!), mientras que la propaganda antibélica de los soldados

---

[32] Rizás (2022).

[33] Toynbee (1922, ed. Griega 2003), pp. 80-81.

[34] Para el párrafo y las referencias, cfr., Yanoulópoulos (Vivliorama), p.136, y Toynbee (1922, ed. Griega 2003), p. 125.

[35] Este estudio ha preferido no hacer la historia militar de la campaña en Asia Menor. El lector puede consultar el Anexo para tener una idea muy general sobre los personajes.

antivenizelistas de la izquierda socialista y comunista encontraba buena acogida entre los demás soldados y algunos oficiales[36].

En este marco de continuo aislamiento diplomático de Grecia en contraposición con el refuerzo diplomático de Kemal, Venizelos, fruto de su preocupación arriba citada, se declaró dispuesto a ofrecer cobertura política personal y la de su partido para una revisión radical de la estrategia militar en Asia Menor. Desde principios de 1921 propuso en su prensa, por mensajes y, finalmente, con una memoria al Gobierno, el repliegue del frente militar solo y exclusivamente en la periferia de Esmirna y, en todo caso, en una zona que exigiría la presencia de una fuerza de unos 45.000 soldados, cuya mayor parte podría garantizarla el reclutamiento local. Además, apoyó los esfuerzos del arzobispo Crisóstomos para crear, con la colaboración de organizaciones militares fieles al cretense, un movimiento autonomista grecoarmenio en la ciudad para reforzar su defensa. Con tal repliegue, Venizelos "corregía su gran idea expansionista, con la creación de un estado de los dos continentes y los cinco mares". Ahora, este "estado jónico" hubiera sido mucho más limitado de haber podido formarse. En todo caso, se trató de un último movimiento (fallido, aunque encabezado por el obispo Crisóstomos) de creación de un "estado jónico griego otomano" (idea que, como dijimos, sostenía también el líder ideológico antivenizelista Ion Dragumis, cuyo nacionalismo, como se ve, fue también distante de aquel de los antivenizelistas). A la hora de su creación, este estado hubiera podido gozar de cierta tolerancia por parte de la Sublime Puerta, ya que Crisóstomos aspiraba a tener el apoyo del patriarca ruso y del helenismo de la diáspora. Hay que destacar que se había formado también en Esmirna una rama de la organización paramilitar provenizelista Defensa Nacional[37].

Pero aquella propuesta chocaba con el patrioterismo de los fanáticos antivenizelistas, monárquicos o constantinistas y de la prensa más extremista, que, por cierto, no tardó en revelar y condenar la memoria venizelista. Primero, puso fin al consentimiento relativo que existía, hasta el momento entre venizelistas y antivenizelistas, sobre la campaña en Asia Menor, y segundo, inflamó los sentimientos de inferioridad que tenían hacia el cretense tanto el rey restaurado, Constantino I, ya debilitado por

---

[36] Veremis (2022), p. 48. Monárquicos y socialistas-comunistas coincidieron en su "política antivenizelista y antimicriasiatica": σφυρί-δρεπάνι/ελιά-στεφάνι (sfirí-drepani/eliá-stefani: martillo-hoz/olivo-corona) fue un lema común que se oyó.

[37] Cfr, EAP (2024), p. 54. Yanoulópoulos (Vivliorama-A2), pp.135-145 y Veremis (2022), pp.64-73.

su enfermedad, que había perdido su antiguo esplendor de las Guerras Balcánicas (otra vez exiliado tras la catástrofe murió en diciembre de 1922 en Palermo), como sus primeros ministros (excepto Dimitrios Ralis, que dimitió). Lo cierto es que los líderes del antivenizelismo no admitían tener menor capacidad que el cretense. Así, no solo renunciaron a la promesa con la que habían vencido en las elecciones (retirar el ejército del Asia Menor), sino que trataron de llevar a cabo el anterior plan "expansionista" de Venizelos, que este como hemos visto, ya había descalificado. Y tampoco hicieron caso a Metaxás quien rechazó la propuesta de Gúnaris de asumir la jefatura de la campaña, ya que el futuro dictador seguía considerándola una hipótesis perdida por las razones que arriba explicamos[38].

En todo caso, el antivenizelismo continuó la campaña militar en Asia Menor sin escuchar a los antiguos aliados ni a Venizelos y "sin oír la alarma que provenía del desastre español en Marruecos en julio de 1921" y, aún más, sin oír la alarma de parte de la prensa conservadora y la más fiable entre la antivenizelista, que, poco antes del final catastrófico, aconsejaba la "vuelta a casa". Al tiempo, en marzo de aquel año, los tres ministros de Exteriores aliados (de Francia, Inglaterra e Italia) admitían con una memoria común su incapacidad para resolver el problema del Oriente Próximo[39]. Cierta historiografía de entonces, como otra posterior, no tuvo dudas a la hora de explicar aquel fracaso de las potencias para que las poblaciones no occidentales (cuya incorporación al sistema de administración occidental era aún problemática) adoptaran el concepto occidental de nacionalidad. De este modo convirtieron la cuestión oriental en cuestión occidental[40].

3.4. *La ejecución de los seis y la salvación en Lausana*

Mientras que las potencias mostraban su incapacidad para encontrar una solución a este "problema oriental occidentalizado" y mientras griegos y turcos se mostraban incapaces de administrar a sus poblaciones mixtas, la

---

[38] Para este párrafo, cfr., Yanoulopoulos (Vivliorama-A2), y Filippís (2010), y Veremis (2022).

[39] Para la alarma de Marruecos, Filippís (2010), Cap. 2. Para la referencia al muy famoso editorial de *Καθημερινή* / Kathimeriní, "*Οίκαδε*" / Ikade (en casa, en agosto de 1922) v. Mavrocordatos (2015), p. 228. Para la memoria aliada, Toynbee (2003, ed. Griega), p. 131.

[40] Toynbee (2022, ed, griega 2003), introducción y pp. 35-67 y 131, y Sakelarópoulos (1956) cuyo título del libro (escrito mucho antes, en 1941) *Bajo la sombra de occidente* es el mismo que el del primer capítulo de Toynbee. V. también en Liakos (2022).

solución final la dio el líder turco Kemal Atatürk, un gran estratega que hizo gastar, con paciencia e insistencia diabólicas, toda la savia de cada soldado y oficial del ejército adversario, ya muy agotado, y lo derrotó completamente. Así terminó "para siempre el sueño de la Grecia de los dos continentes y los cinco mares", que se había hecho realidad con el Tratado de Sèvres, pero que nunca fue ratificado por Turquía. Bajo estas circunstancias, finalmente, el desastre griego fue aún mucho peor, una verdadera *Catástrofe de Grecia*[41].

En el momento de la catástrofe, Venizelos estaba muy lejos, de viaje por dos países de Hispanoamérica: Cuba y Chile, con su nueva esposa, Helena Skylitsi, ya Helena Venizelos. Por azar o a propósito, lo cierto es que el cretense se "distanció" de Grecia y de la posible catástrofe nacional, de cuyo final no era en absoluto responsable, sino y exclusivamente, el principal autor de su inicio, dado que descuidó un detalle: la buena disposición aliada hacia la intervención griega en Asia Menor podía ser revocada. La historiografía posterior destacó aquel error inicial, que consistió en no consultar a los militares prudentes, según su costumbre, y al "Metaxás prudente". Así, el cretense invadió una región en la que la ventaja del "fondo estratégico" la tenía el adversario[42]. Y, por cierto, no se puede ganar una guerra en un territorio hostil con oficiales y soldados agotados (muchos cumplían diez años reclutados, desde las Guerras Balcánicas), que, además, habían empezado a desertar en masa cometiendo barbaridades hacia las poblaciones locales, lo que la propaganda constantinista escondió tanto en Esmirna como en Atenas[43].

A pesar de las iniciativas de salvación y la labor humanitaria de algunos diplomáticos extranjeros a la hora de la catástrofe, en el puerto de Esmirna los barcos aliados, salvo alguna excepción, no permitieron que subieran a bordo los refugiados[44]. Mientras tanto, los barcos griegos tardaron en llegar a propósito, ya que la Atenas antivenizelista no sabía si quería y podía recibir a los refugiados. Según un "tópico historiográfico-fotográfico", entre las escenas del pueblo griego perseguido y torturado por los turcos (que ahora sabían cómo vengarse por los maltratos que habían padecido

---

[41] *Μικρασιατική Καταστροφή* / Mikrasiatikí Katastrofí.

[42] A pesar de todas las diferencias que pueda tener la comparación, se ha observado que casi el mismo error estratégico cometieron primero Napoleón al invadir Rusia, en 1812, y después Hitler, en 1941. Cfr. Afiéroma (2022), pp. 37-40 y Malefakis, (2002), p. 60.

[43] Costopoulos (2007), *The books´ journal*-Makrís (2022), p. 57.

[44] El diplomático inglés John Horton, por ejemplo, a parte de su labor de salvación de muchos refugiados. Horton (2010, ed. Griega) nos dejó un testimonio valioso.

durante la ocupación griega) se destaca el auto de fe con la masacre del obispo Crisóstomos de Esmirna, quien unas semanas antes de la catástrofe le envió una carta de desesperación al cretense rogándole que hiciera lo que pudiera para salvar el helenismo de Asia Menor de la inminente catástrofe. Venizelos ya no podía hacer nada, ni él ni tampoco su hombre de confianza en Esmirna, el alto comisario Arístides Stergiadis, un personaje contradictorio, que el gobierno antivenizelista había mantenido en su cargo. Aún se formula la siguiente pregunta: ¿Stergiadis dejó a los refugiados sin ninguna protección y trató de salvar su vida refugiándose en París "para hacer compañía a Venizelos", como pueden pensar algunos malpensados o trató de hacer hasta el último momento lo mejor posible para salvar a la comunidad helena de Esmirna, como comprobó algún investigador? Lo cierto es que Stergiadis se había opuesto a la campaña militar contra Ankara y abandonó la ciudad, mientras antes destruyó el archivo de la administración griega[45].

En Grecia la derrota propició un nuevo golpe de Estado provenizelista en las islas de Quíos y Lesbos, que se materializó el 11 de septiembre de 1922, cuando jóvenes oficiales, encabezados por los generales del ejército Nikólaos Plastiras y Stilianós Gonatás y el primer oficial de la marina militar Dimitrios Focás, formaron un Comité y Gobierno Revolucionario según se autoproclamó, cuyas decisiones y éxitos más "revolucionarios" fueron: el destronamiento del rey, la adopción del nuevo calendario juliano, la ejecución de los responsables de la catástrofe, el buen primer trato, a pesar de la extrema circunstancia, de las olas de refugiados que llegaban, la rápida e impresionante reorganización del ejército vencido y, finalmente, el nombramiento de Venizelos como consejero para los asuntos de política exterior, a quien le confiaron las negociaciones que empezarían en la Sociedad de Naciones, Lausana, como a continuación se verá en cada uno de estos puntos…

Tras la "revolución del 1922", el rey Constantino I abdicó en su hijo Jorge II. Constantino abandonó definitivamente el país el 30 de septiembre. En el trayecto hasta el barco que lo transportaría al extranjero, estuvo acompañado y ovacionado con emoción por miles de "constantinistas". Murió exiliado en Palermo de un ataque cardíaco en diciembre de aquel año. Mientras tanto, se había consumado en Atenas el "Juicio de los seis", es decir, el juicio a los políticos y militares que el Comité Revolucionario consideró responsables de la gran catástrofe militar, que terminó con su

---

[45] Cfr., Solomonidou (1989), Veremis (1922), p.15, 49.

ejecución en noviembre de 1922. Aunque aquella ejecución fue considerada por los venizelistas como una resolución necesaria para que se evitara en aquel momento una verdadera guerra civil. La conclusión posterior fue que, a pesar de que se evitó la guerra civil, se trató de una acción política de revancha, ya que los seis fueron llevados a un tribunal militar con la acusación de alta traición y no a un tribunal ordinario. Solo uno era militar, el resto eran líderes políticos antivenizelistas. Se trató de los primeros ministros o/y ministros de Exteriores y Defensa durante la segunda fase de la campaña (de noviembre de 1920 a septiembre de 1922), Dimitrios Gúnaris, Petros Protopadakis y Nicólaos Stratos (primeros ministros), Nicolaos Theotokis (Defensa), Georgios Baltatzís (Exteriores) y el jefe del ejército Georgios Jatzianestis[46].

Según cierta prensa fiable de entontes, incluida la española, se trató de una acusación con pocos argumentos, sino de un juicio injusto, ya que a aquellos hombres se les acusó de haber cometido un crimen de traición "por haber ocultado al pueblo la amenaza de los aliados de bloqueo económico si regresara Constantino", lo que condujo a la catástrofe económica por la medida, obligatoria y extraordinaria, de la devaluación de la dracma[47]. Y tampoco habían cometido un crimen de traición porque continuaron la política del gobierno venizelista anterior, aunque desoyeron la memoria enviada por Venizelos, como hemos dicho. Sin embargo, también amañaron el resultado del referéndum que devolvió al rey a Grecia. Por otra parte, según la historiografía posterior, los seis no habían entregado a los turcos territorios griegos, según otra acusación, ya que Esmirna no constituía aún territorio griego, mientras que Tracia oriental fue entregada después a Turquía por el mismo gobierno revolucionario. Por tanto, aunque se acepte que los responsables debieron ser procesados, se les impuso una pena que impresionó al mundo civilizado, según observó Madrid, como veremos.

---

[46] De la muy extensa bibliografía sobre el tema, basta consultar *E-Istoriká,* nº. 6 (1999).

[47] La restauración de Constantino a finales del 1920, fue el pretexto de los aliados para dejar de financiar la deuda griega por los gastos de la guerra. En abril de 1922 el gobierno antivenizelista tuvo que devaluar la dracma (gr: διχοτόμηση της δραχμής / dijotómisi tis drajmís). En una especie de préstamo obligatorio interior, el billete de 100 dracmas, por ejemplo, se dividió en dos partes, la parte izquierda se utilizó con la mitad de su valor nominal, 50 dracmas, y la derecha se devolvía al Banco Nacional como prueba del préstamo obligatorio de las 50 dracmas a un interés del 7% y posteriormente del 6,5%. La dracma pudo volver a cierta normalidad en 1927 con el gobierno ecuménico y durante el lustro venizelista, según decimos a continuación. Cfr. Álvarez de Frutos y Filippis (2017), p. 26.

Con el tratado de Lausana se produjeron una seria de concesiones y adquisiciones por parte de los implicados[48], y la historia dio la razón al cretense, quien, ya desde 1914, estaba convencido de que no solo no había posibilidad de una convivencia pacífica entre las minorías en Asia Menor, sino también que la coexistencia era muy problemática. En Lausana, Turquía lo tenía muy claro: a pesar de la presión internacional, consiguió evitar que se registraran en su territorio las minorías restantes, nacionales, religiosas y lingüísticas. En todo caso, tras 1923, mientras que Turquía siguió siendo un país heterogéneo respecto de las poblaciones, Grecia conseguía ser uno de los países étnicamente más homogéneos. Gracias al intercambio de poblaciones (más de un millón de *micrasiates* llegaron a Grecia, como se sabe, tras la catástrofe) ratificado en Lausana también (V. Anexo)[49].

Para la vencedora Turquía, el Tratado de Lausana coincidía con la formación de la República de Turquía. Kemal Ataturk declaró su fundación el 29 de octubre de 1923 y abolió, casi a la vez, el califato y el sultanato (en noviembre del 1922, Kemal declaró depuesto al último sultán, Mehmet VI, que se exilió en San Remo donde murió en 1926). Enseguida, aquel gran líder turco empezó sus reformas para la formación de un estado laico, cuya base debería ser su "turquismo occidentalizado", la adopción de la escritura latina en vez del alfabeto árabe y el reconocimiento del rol de la mujer (con el derecho al voto femenino) fueron las reformas más llamativas e insólitas para un estado musulmán… Desde el punto de vista territorial, Turquía se declaraba más o menos contenta, ya que conquistaba, con alguna excepción, los territorios que se nombraban en el "juramento nacional" de Kemal y coinciden, por lo general, con la extensión de la Turquía de hoy[50].

A pesar del contexto internacional muy negativo para la Grecia derrotada, como anotaba un informe posterior español, casi todos, incluidos aquellos que no simpatizaban ni simpatizan, estuvieron y están de acuerdo en que el cretense gestionó la derrota del mejor modo posible, limitando al

---

[48] Sobre este tratado v. anexo puntos 6.2.5 y 6.2.6.

[49] Sobre estos párrafos, Veremis (2022).

[50] Se trata de un documento de seis puntos redactado por Kemal, que fue aprobado por el último Parlamento otomano de Estambul, el 20 de enero de 1920, y preveía que los territorios que no se encontraban bajo el dominio de los aliados a la hora de la firma de paz de la Gran Guerra (acuerdo en Mudros-Lemnos, octubre de 1918) y su población era en su mayoría turca o musulmana constituían parte de la patria del Estado turco. En todo caso, las islas Ímbros y Ténedos pertenecían a esta categoría, pero llegaron a formar parte de Turquía, según otra norma del tratado, por estar a una distancia de tres millas náuticas de la costa asiática. Cfr. Alexandrís (2023).

máximo sus repercusiones negativas[51]. Por tanto, en Lausana, Venizelos para minimizar daños tuvo que dar marcha atrás respecto de sus reivindicaciones anteriores sobre el Dodecaneso y el Epiro, que había presentado y conseguido de Italia, aunque el Dodecaneso fue incorporado definitivamente a Grecia en 1947 con el tratado de París, según hemos visto y dicho[52].

Lo cierto es que el positivo final de Lausana para Grecia, se debió también a la rápida reorganización del ejército, según había exigido Venizelos, que consiguieron los jefes de la revolución de 1922, junto a los generales Pángalos y Kondilis, provenizelistas entonces y antivenizelistas después. Esto permitió al cretense amenazar en Lausana con una campaña militar griega en los Dardanelos, lo que en aquel momento a nadie convenía.

Al cretense le salió bien el órdago, pero a la vez aquel éxito permitía a los militares griegos en su conjunto absolverse de la responsabilidad de la vergonzosa derrota de 1922, cargándola exclusivamente a los políticos, así como lo mismo habían conseguido sus colegas alemanes tras la derrota de Alemania en la primera Guerra Mundial. En ambos casos, la actitud de los militares perjudicó a las dos repúblicas, la de Weimar y la II República griega, que fue declarada el 25 de marzo de 1924. Esta fue gradualmente debilitada por la gran división en el ejército, cuyas intervenciones violentas, de ahora en adelante, tendrán un carácter político y no nacional, aunque la guerra civil se hubiera evitado en 1922-23, la división nacional se prolongaría, lo que por cierto Venizelos quería evitar a toda costa según

---

[51] El presidente turco Erdogan, que quiere "revisar" el Tratado, tacha a Kemal de "borracho" (es sabido que era un bebedor) ya que no gestionó bien las negociaciones, lo que demuestra, creemos, el éxito del cretense. En Grecia solo los generales Pángalos y Metaxás y el Partido Comunista hablaron de un "tratado vergonzoso" (para el PC, por ejemplo, el tratado no era más que un "acuerdo, y a la manera medieval, de compra y venta de seres humanos". V. anexo.
[52] Turquía no combatió en la II Guerra Mundial y, en consecuencia, no participó en la Conferencia de Paz de París, por lo que no pudo presentar ninguna reclamación con respecto al Dodecaneso, ya que en 1932 se había firmado un protocolo entre Turquía e Italia, por el cual la primera reconocía el dominio italiano de las Islas y también de Castelórizo (Megisti), que durante la Primera Guerra Mundial lo había conquistado Francia para usarlo como base naval (1915), pero después, en 1921, lo vendió a Italia. A Grecia, como Estado heredero de Italia, la Conferencia de Paz en París le confió el dominio sobre las islas y sobre Castelorizo también, con población absolutamente griega, que muchas veces había reivindicado su unión con Grecia. Turquía quiso, en vano, asociar la suerte de esta isla a la de las islas Imbros, Ténedos y Laguses que le pertenecen. Para este párrafo, Syrigos y Dokos (2021), p. 124 y Rizás (2023), p. 49.

resulta de su telegrama que envió al Gobierno militar revolucionario el 25 de julio de 1923, comunicando la firma del tratado:[53]

> "Me siento muy agradecido al comunicarles que hoy en el paraninfo de la Universidad de Lausana se ha firmado el tratado de paz con los demás acuerdos, declaraciones y protocolos. Dicho tratado, firmado justo después de la Catástrofe en Asia Menor, no constituye, desafortunadamente, un triunfo griego. Sin embargo, la Revolución puede sentirse orgullosa por haber podido reorganizar el ejército nacional, que permitió a su representación nacional llegar a una paz honesta, lo que ayuda a Grecia a volver a las tareas de paz dedicándose a la labor de su contemplación interior. Y si con las próximas elecciones termina la guerra civil definitivamente, volverá la normalidad a la función y la forma del Estado y se resolverá de una vez la cuestión de los refugiados micrasiáticos, Grecia puede volver a confiar en un futuro mejor. Yo por mi parte, quiero agradecer al Gobierno real y a la Revolución su plena confianza en mi persona, lo que me permitió responder a esta labor tan difícil que asumí".

En todo caso, el Tratado de Lausana fue un éxito de Venizelos, cuya importancia se demuestra hasta hoy día. Según no se cansa de señalar y demostrar, Procopis Pavlópulos, profesor de derecho y ex presidente de la República Helénica (2015-2020): "el Tratado de Lausana es válido y será válido en su totalidad, dado que, por su propia naturaleza institucional y su estatus, no es legalmente posible ser revisado".

3.5. *Un desmayo sobre la rígida cuerda del poder*

Con posteridad al tratado de Lausana, Italia trató de confirmar y a la vez extender sus dominios en Grecia y Albania. Mussolini, "aprovechando la crisis de la Helade vencida", confirmaba de manera espectacular su llegada

---

[53] *Ελεύθερον Βήμα* / Tribuna Libre, 26 de julio de 1923: "Tras la paz interior debe terminar la guerra civil. Venizelos a la Revolución" ("Μετά την εσωτερικήν ειρήνην να τερματισθή ο εμφύλιος πόλεμος. Ο Βενιζέλος προς την Επανάστασιν"). Y en el mismo diario al día siguiente confesaba "lo incómodo que se sentía quien había firmado el Tratado de Serves, deber firmar ahora el Tratado de Lausana". Y como se ha observado, era muy difícil para el gran estadista pasar del zenit que había obtenido en Sèvres al nadir de Lausana. Y lo hizo con éxito, a pesar de todo.

al poder tras su marcha sobre Roma (octubre de 1922, casi en paralelo con el exitoso golpe "militar-revolucionario y provenizelista" de Plastiras) con el ataque a Corfú y la breve ocupación de la isla (septiembre de 1923) tras un enfrentamiento greco-italiano en Albania para la delimitación de fronteras entre Grecia y Albanía (casi en paralelo con el fallido golpe militar antirrevolucionario y antivenizelista). Como se ha observado, aquellos "episodios de Albania y Corfú" constituían la primera muestra del carácter ofensivo e imperialista del fascismo italiano, porque "preanunciaron" el ataque italiano a Grecia por Albania de 1940, durante la Segunda Guerra Mundial.

Un golpe militar filomonárquico en diciembre de 1923, mal organizado, terminó sin repercusiones y en las elecciones del día siguiente (16 de diciembre 1923), que había convocado el gobierno revolucionario del general Plastiras, ganó Venizelos, aunque sin presentarse en persona en los mítines (estaba aún en París). El Partido Liberal tuvo 250 escaños y la apenas nacida Unión Democrática del socialdemócrata Aléxandros Papanastasíou 120, mientras que los partidos antivenizelistas se abstuvieron. Mientras tanto, el rey Jorge se vio obligado a dejar el trono y asumió la regencia el mariscal Koundouriotis. Según un estudio reciente, la primera prioridad del cretense en aquel momento fue tratar de conciliar todas las fuerzas políticas sobre la forma del Estado mediante un "referéndum limpio", que fuera aceptado por todos, pero no consiguió convencer, como había pensado, a los suyos ni aún menos a sus adversarios[54].

Estas circunstancias, que no pudo controlar, llevaron al cretense a una nueva dimisión. Antes, al enfrentarse en el Parlamento con Papanastasíou, Venizelos cayó desmayado tras un discurso muy pasional, en el que no quiso declararse ni como antimonárquico ni como republicano, según le pedía que hiciera su rival demócrata. Al día siguiente dimitió y se autoexilió otra vez en París desde donde, por supuesto, preparó su vuelta a la escena política, que corresponde al segundo periodo venizelista, al que estos autores han dedicado otro estudio.

---

[54] Daskarolis (2024). Venizelos llegó en barco desde Marsella y había pedido al gobierno de Plastiras no organizar ninguna fiesta a propósito de su llegada. En ausencia de Venizelos, la jefatura del Partido Liberal había caído sobre el viejo general Panagiotis Daglís, pero los delfines eran Georgios Kafantaris, Andreas Mijalacópoulos y Themístocles Sofoulis. Para lo demás aquí y a continuación, Álvarez de Frutos y Filippís (2017).

CAPÍTULO 4

ESPAÑA ANTE GRECIA

España, como el resto de países europeos, estuvo concernida por la I Guerra Mundial y también por los sucesos en Grecia, aunque ya vimos que ni todos los partidos políticos ni toda la prensa ni los intelectuales españoles estuvieron unidos a la posición oficial del Gobierno.

4.1. *La posición oficial y la información que llegaba desde Grecia*

La posición oficial de España, como la de Grecia en un principio, fue la neutralidad respecto de la Gran Guerra, pero unida a las potencias occidentales porque: "¿Qué cosa más natural que marchar de acuerdo con Inglaterra y Francia? Y si entre ellas surge discordia de la que podamos apartarnos, de la que podamos evitar que nos alcancen las consecuencias ¿qué cosa más natural también que tomar esta actitud?" Decía el ministro de Estado español. Es decir, una posición similar a la de la Grecia venizelista en cuanto a la unidad a las potencias occidentales, pero sin intervención directa en la guerra en el caso de España[1].

La diplomacia española señaló el rol de Alemania en Grecia antes de la Gran Guerra. Cuando Alemania consideró que el poder económico griego y armenio en la región era un obstáculo para su política, consiguió que los neoturcos entregaran la jefatura de las fuerzas armadas otomanas al general del ejército alemán Otto Viktor Karl Liman von Sanders (1913). Entonces, el gobierno griego debió quedar muy preocupado por estas noticias porque el plenipotenciario transmitió a su ministro si España cedería a Grecia los acorazados "España" y "Alfonso XIII" y en qué condiciones ante los "aprestos navales" que hacía Turquía[2].

El embajador español se hizo eco del eminente regreso de Venizelos a la presidencia del Gobierno, que tuvo lugar en agosto de 1915, en un despacho

---

[1] Contestación del ministro de Estado al diputado Barcia quien le interrogó sobre la política exterior de España. Congreso de los Diputados, *Diario de Sesiones*, núm. 3835, sesión del 18 de julio de 1922, p. 3852.

[2] AHN, H,2516. Correspondencia de Grecia, 12 de mayo de 1914.

de 27 de junio en el que informó al Ministerio sobre dos matices que llaman la atención. Según el embajador, cuando Venizelos es llamado por el rey no insistió en "sumar las armas de Grecia a las de la Entente ni en la impopular idea de ceder territorio alguno a otra Potencia". Al tiempo, solicitó al rey cuatro o cinco días para sondear a Londres y París sobre la acogida del nuevo Gabinete y aunque no obtuvo contestaciones muy explícitas, aceptó el encargo del rey[3].

Cuando los aliados sufren la gran derrota en los Dardanelos, el embajador español hizo saber al Ministerio, 8 de junio de 1915, que Venizelos había protestado a Inglaterra por la ocupación de la isla de Lemnos y que Inglaterra respondió que "no habiendo reconocido el Imperio turco la soberanía de Grecia sobre las islas, considerábase Inglaterra con derecho a ocuparla" y más porque esta estaba en guerra con el Imperio Turco. Es de suponer que la noticia tenía interés para España por la cuestión de Gibraltar[4].

Una vez creado el gobierno revolucionario en Salónica presidido por Venizelos, el ministro de Estado comunicó al Cónsul en Salónica cuál debía ser su posición respecto de ese gobierno: "Como nuestros demás agentes consulares, debe mantener relaciones de hecho con quienes de hecho también ejerzan autoridad en los respectivos territorios, absteniéndose del reconocimiento jurídico". Es decir, mantener las relaciones con quien tuviera el poder en las dos Grecias, la venizelista de Salónica y la constantinista de Atenas[5].

Con la abdicación del rey Constantino, España se mantuvo a la expectativa y se puso bajo el consejo de Francia con respecto al reconocimiento del nuevo rey Alejandro, lo que evidenciaba una falta de peso político exterior y el reconocimiento de la superioridad de Francia, aunque el encargado de negocios español en Atenas se había adelantado a lo que pudiera decidir su ministro de Estado puesto que reconoció al Gobierno de Salónica porque, según el mismo encargado, Alfonso XIII le dijo al emprender el viaje a Grecia que "estuviera siempre del lado del poder constituido y en caso de que la estabilidad de este no se hallara segura, obrase según mi propio criterio" y las demás representaciones ya lo habían reconocido[6].

---

[3] No cita el embajador la fuente de sus afirmaciones, pero no parecía muy bien informado. AHN. H, 1604.

[4] Ibid, despacho de 8 de junio de 1915.

[5] AHN, H,1604, correspondencia de Grecia, Política, Despacho de 26 de octubre de 1916.

[6] Tomado de Morcillo Rosillo, M.: (1997), pp. 139-141, (A.M.A.E. Correspondencia. (Grecia), leg. 1604: despacho dirigido por el ministro residente de España en Grecia al ministro

En definitiva, España estaba replegada sobre sí misma e intentaba superar su propia situación y recoger los beneficios económicos, sobre todo, que pudiera darle el conflicto bélico, como así fue.

La pena impuesta a los responsables del Desastre "impresionó honda y tristemente al mundo civilizado", y la prensa española, por ejemplo, *El Sol,* como la fiable de otros países, se hizo eco de la sentencia. Según este diario, los inculpados en el Juicio de los 6 "ocultaron la nota aliada del 6 de diciembre de 1920, referente al bloqueo económico de Grecia, en caso de que regresara Constantino"[7]. Además, destacaba los puntos 5º y 13º de la acusación que decía "Realizaron un acuerdo con Inglaterra renunciando a parte de los créditos prometidos por las potencias". Por otra parte, según el telegrama 553 en la tarde del 4 de diciembre el presidente del Consejo de ministros se negó a contestar en el Parlamento a la pregunta sobre la "impuesta incitación por parte del Gobierno británico a los griegos para internarse en Asia Menor", pregunta que tuvo como base la publicación por el periódico *Le Matin* de París de documentos secretos relativos a la política británica en Grecia.

España también quiso evitar la condena a la pena capital del príncipe Andrés. Por esta razón, el delegado español en la Sociedad de Naciones, Francisco Reynoso, intervino directamente ante Venizelos para que "practicara la gestión análoga" y salvara de dicha pena al príncipe (quien había asumido un alto grado militar durante la guerra greco-turca)[8]. Finalmente, el gobierno revolucionario hizo caso a la petición española, y aliada obviamente, sobre todo la inglesa, y el príncipe fue salvado. Aquella, fue a este respecto, la única intervención del cretense que fructificó. No ocurrió lo mismo con su recomendación expresada con más o menos énfasis de que los culpables fueran juzgados por tribunales ordinarios, como comentaremos también en el capítulo siguiente, punto 5.2.

---

de Estado, Atenas, *26* de octubre de 1916). El ministro plenipotenciario español era Andrés López, AHN, H,2516, correspondencia de Grecia, Política, Despachos de 2 de julio de 1917.
[7] *El Sol,* 10 de noviembre de 1922, "Las acusaciones del Comité revolucionario griego", también *El Sol* (v. nº. 235) y telegrama 553, 5 de diciembre de 1922 (AHN, H,1605). Sobre la devaluación de la dracma v. n. 160.
[8] Cfr., AHN, H,1605, el telegrama del ministro del Estado a Francisco Reynoso (Hotel Beau Rivage en Oushy-Laussanne), del 19 de diciembre de 1920, y el de la Delegación en Atenas al Ministerio de Exteriores, del 29 de noviembre 1922. También, Filippís (2010), p. 106. El príncipe Andrés fue el cuarto hijo del rey Jorge I y de su esposa, la reina Olga, y fue el padre del príncipe Felipe de Edimburgo, el esposo de la reina Isabel del Reino Unido.

España en Annual, como Grecia en Asia Menor, acababa de sufrir una gran derrota y quería evitar y evitó gracias a la dictadura de Primo de Rivera, que se produjera en España un juicio por ese desastre como sí ocurrió en el caso griego[9]. Igual que en Grecia se culpó al Gobierno monárquico y al príncipe Andrés, en España se culpó al rey del desastre de Annual.

Existe un cierto paralelismo entre el desastre español en Annual (julio de 1921) y el desastre griego en Asia Menor (agosto-septiembre de 1922) y, como se ha puesto de manifiesto en numerosas ocasiones. Así, el diario *El Sol*, primero habló de "política deficiente" de los gobiernos anteriores que "ocultaron las amenazas de los aliados al pueblo y, finalmente, condujeron a Grecia a la catástrofe, Así subrayaba el editorial los paralelismos y divergencias entre estos dos acontecimientos y su tratamiento posterior[10].

> «Alguna vez se ha señalado el paralelismo entre el desastre griego y nuestro desastre de Annual. No son pocos los rasgos comunes que dan una fisonomía semejante a ambos sucesos: la misma indiferencia popular hacia la empresa de conquista; iguales avances impremeditados; el mismo desconocimiento de la situación. Pero el paralelismo termina en el momento de la catástrofe. Mientras aquí se incoa un expediente, allí se hace una revolución. No es que nos agrade una revolución … en Grecia están acusados de alta traición tres ministros del Gobierno que sufrió el desastre: el presidente Gúnaris, el ministro de la Guerra Theotokís y el de Negocios Extranjeros –ahora Asuntos Exteriores- Baltazzi. En Grecia no hay expedientes filantrópicos ni inhabilitaciones, como en España».

Con el final de la Gran Guerra las potencias se apartaron del conflicto greco-turco porque solo pretendían conservar sus intereses en Oriente Medio y solo estos dos países quedaron como adversarios bélicos. Entonces, la diplomacia española hizo una valoración de aquel cambio, por el que los griegos no podrían contar ni esperar generosidad de sus antiguos aliados. En realidad, dice el embajador de España en Atenas, la Entente había obligado a Grecia "*manu militari* a participar en la contienda mundial, contra

---

[9] Sobre estos temas, Filippis (2010), p. 103-107.

[10] *El Sol*, 2 de noviembre de 1922, pág. 5: "Responsabilidades… en Grecia". Manifestaciones de este tenor se repiten los días 4, 18 y 19 de noviembre: Editoriales "La impunidad en Marcha", "Las actuaciones judiciales sobre el desastre de Melilla", "Grecia y España", págs. 5, 2 y 1 respectivamente.

100

la voluntad de la mayoría del pueblo, y después los embarcaron en la trágica aventura de Asia Menor para aligerar la presión turca en Mesopotamia y salvar las cuencas petrolíferas del Heyaz y del Irak, abandonándoles a su triste suerte sin ayuda alguna". Pero, en este caso, la literalidad del despacho no se atiene totalmente a la realidad porque también la Grecia venizelista estaba interesada en ello y, previamente a las elecciones, Venizelos había expuesto con claridad su apoyo a la participación de Grecia en la guerra[11].

4.2. *Opinan españoles de la época*

Los españoles de la época tenían opinión sobre lo que pasaba en Grecia. He aquí, algunos ejemplos.

En el Congreso de los diputados se citó en varias ocasiones la neutralidad de Grecia y se la comparó con la de España. Además, el diputado Ayuso Iglesias, representante de uno de los partidos republicanos, testigo de los prolegómenos de la última guerra greco-turca describía con breves palabras la situación del Ejercito griego, el desapego de los griegos hacia el príncipe heredero, la propiedad de los medios de producción en manos extranjeras y cómo Venizelos cambió esa situación:

> "... he conocido, porque presencié los prolegómenos de la última guerra turco-helena, renació el patriotismo, de tal suerte que, si antes era menospreciado el militar que vestía uniforme en la calle; que si hasta el Príncipe heredero no era saludado por ningún súbdito de su nación, y era mirado con menosprecio, surgió, digo, una reacción de patriotismo poderoso, iniciada por un político de buena fe, por un gran patriota, por Venizelos, hombre civil que fue capaz de encerrar la soldadesca desbordada en sus cuarteles y que llevó al ejército de su país á la victoria ; reaccionó, repito, la opinión pública de tal manera, que á pesar de estar la industria, las minas y los ferrocarriles en poder de los extranjeros, el patriotismo se impuso, el pueblo armado fue conducido a la victoria y se pudo escribir en la historia de la moderna Grecia una gloriosa página"[12].

---

[11] AHN, H-1605 (Despacho de Manuel López Muñoz…).

[12] Intervención del diputado Ayuso Iglesias. En Congreso de los Diputados, *Diario de Sesiones,* 29 de noviembre de 1915, Núm 21, p. 547. Manuel Hilario Ayuso Iglesias. (14 de enero de 1880 - 20 de septiembre de 1944). Diputado por Montilla (Córdoba) en las legislaturas de 1914, 1916 y 1919; por El Burgo de Osma en la de 1923; y por Soria en la de 1931. Perteneció

Años más tarde, Cambó, conservador catalanista y líder de la Liga Regionalista, también expuso su opinión sobre Venizelos. Conoció a Venizelos durante "la verdadera apoteosis de su triunfal carrera política", durante la reunión de la Conferencia de Paz de París de 1919, que intentaba acordar las condiciones de la paz tras la Gran Guerra, y le comparó con los políticos occidentales más prestigiosos de aquel momento: Thomas Wilson, presidente demócrata de EE.UU entre 1913 y 1921, Lloyd George, primer ministro británico entre 1916 y 1922, y Georges Clemenceau, jefe del gobierno francés, artífices de las negociaciones de la citada Conferencia.

Grecia había triunfado contra Turquía en 1912, contra Bulgaria en 1913 y, en ese momento, formaba parte de los países vencedores de la guerra mundial. Según cierta prensa española: "No se oía entonces en Grecia una sola voz discrepante" porque había liquidado en pocos años muchos siglos de decadencia. Venizelos expuso las peticiones que haría en la Conferencia y las apoyó con mapas que mostraban los lugares que habían dominado los griegos "y lo que fue un día ha de volver a ser", dijo. Y respecto de Constantinopla añadió: "Dominaré Constantinopla [...] Pero estoy seguro que nos será negada, y creo también que será una gran suerte para Grecia; Grecia no tiene hoy una osamenta bastante fuerte para resistir el peso inmenso de Constantinopla. Bizancio —añadió— fue la causa de la decadencia del mundo griego y volvería hoy a serlo". De ser todo cierto, y no hay razón para pensar que no lo fuera, revelaría la ambición de Venizelos para la futura situación de Grecia, pero también su ajustada visión de las posibilidades que Grecia tenía para conservar Constantinopla[13].

Blasco Ibáñez en su *Crónica de la guerra europea 1914* se refirió al cretense como "el gran Venizelos"[14] y relata que este le dijo a M. Jonnart, alto comisario de las potencias de la Entente, que tuvo mucho que ver en la

---

al Partido Radical Federal. Humanista, catedrático de Filosofía, periodista, abogado y escritor, según la Real Academia de la Historia. Fue delegado de España en la Exposición Internacional de Atenas de 1903, y en 1925 volvió a serlo para asistir al Congreso Internacional de Ginebra. En <https://dbe.rah.es/biografias/57661/manuel-hilario-ayuso-iglesias> 2022.

[13] "Visiones de Oriente. El sueño de Venizelos" *La correspondencia de Valencia*, lunes, 14 de enero de 1924. Este diario de orientación conservadora se editó entre 1882 y 1939 y fue el órgano oficial del partido político Unión Valencianista Regional.

[14] Blasco Ibáñez, V. (2014), p. 418. Blasco Ibáñez durante su exilio en París publicó artículos y crónicas en la revista *El Pueblo*. En 1914 empezó a escribir su obra monumental terminada en 1920. El original de esta obra citada, con el título *Crónica de la guerra europea: 1914,* fue publicada por Prometeo, Valencia, 1914.

abdicación de Constantino I a finales de 1917: "Por honor de Grecia, es preciso que declaremos la guerra cuanto antes"[15].

Una opinión más. Gaziel durante la entrevista citada lo describió:

"Es imposible dar una idea de la arrogancia magnífica con que Venizelos erguía el pecho meneaba los brazos, al resumir su obra. Nada en él parecía gesto de pura vanidad, ni de énfasis hueco; antes todo revelaba el fervor sincero, comunicativo, de un espíritu que se expresa con la franca rudeza de una clarividencia superior y de un entusiasmo sin límites"[16].

Por lo demás, la opinión española de la época no parece haber dado ninguna importancia a otros detalles de la biografía del cretense como, por ejemplo, a su relación con la masonería de la que le acusó entonces y después cierta historiografía adversaria. Además, los observadores de la época, los griegos incluidos, descuidaron el drama psicológico que lo marcó desde muy joven, en 1892, cuando perdió a su primera esposa, María Cateluzu, en el momento en que ella daba a luz a su segundo hijo, Sófocles. Desde entonces se dejó la barba que se ve en todas las fotos que le hicieron. Tardó mucho en recuperarse[17]…

---

[15] Ibid. p. 418.
[16] Gaziel, (2014), 147.
[17] Papadakis (2017, t. Aʹ), p. 58-59).

CAPÍTULO 5

EPÍLOGO DE ÓPTICA ESPAÑOLA

Tras haber leído las páginas anteriores, el lector puede echar un vistazo al mapa del Anexo y ponderar la aportación del cretense a la formación de la geografía de Grecia con aquellos principios y objetivos que hemos puesto de manifiesto y resumimos ahora:

a. En política "las obras más grandes son llevadas a cabo por los que tienen fe y no por los pirronianos", y ese optimismo, confianza y valentía política lo encarnaba Venizelos, según él mismo dice, y "cuando el antiguo mundo político discrepaba absolutamente de su política" y "cuando la oposición le acusaba de llevar a Grecia al matadero", él "extendió las fronteras de Grecia hasta el Nestos", y lo consiguió por la confianza que tenía en sí mismo, en sus compañeros y en el Gobierno `[...] en la vitalidad del pueblo griego, [y en] nuestro ejército [el de Grecia], pequeño, pero bien organizado[1]. Y es necesario subrayar que el cretense premió con medallas tanto a aquellos ciudadanos que se distinguieron en la guerra, puestos de trabajo, etc. como a muchos militares con ascensos en su escala.

b. Grecia no tiene otra opción que estar "con las dos grandes potencias occidentales cuyos intereses se adaptaran mejor a los suyos [los de Grecia] porque Grecia no podrá no sólo engrandecerse, sino ni aún subsistir tal como hoy, si se manifiesta opuesta a las potencias que tienen el señorío de los mares"[2].

c. El dilema no era ir a la guerra, sino "cuándo ha de sernos útil intervenir en ella" para defender, como mínimo, la nueva Grecia que ha resultado tras las guerras balcánicas"[3].

---

[1] V.-Cl. p. 103.

[2] Ibid. p. 176.

[3] Ibid. 4º discurso (28-IX), "La guerra con Bulgaria", pp. 106-106. Respecto de esta cuestión de los acontecimientos, Venizelos en su prólogo de la versión española habla de "clarividencia patriótica" y de no poseer lo secretos de la ¨Pitia mitológica". V. Anexo ¨Prólogo de Eleftherios Venizelos".

d. "Salvar al helenismo en Turquía y asegurar la creación de una Grecia verdaderamente grande, que comprendería casi todos los países sobre los cuales ha ejercido su acción el helenismo durante su larga historia y a través de los siglos"[4].

e. Venizelos previó cómo sucederían los acontecimientos y cuál sería la situación de Grecia. Los acontecimientos se sucedieron como él previno (incluso previno la catástrofe). Para los venizelistas esta habilidad era como si hablara el oráculo de Delfos y para los antivenizelistas como el síndrome de Casandra.

f. Por último, Venizelos fue un estratega, "grande" (según Blasco Ibáñez y Unamuno) o "astuto" (según Hemingway) porque consiguió crear un *statu quo* de equilibrio para su país tanto en los momentos de expansión, como en momentos de recesión. Por ello, como observó la diplomacia española, el cretense no avaló nunca el irredentismo, que él no podía controlar. Así, por ejemplo, no lo hizo en el caso de Creta antes de su anexión a Grecia en 1913, ni en el caso de Castelórizo en 1914, cuando los isleños se levantaron pidiendo la unión, ni en el caso de los acontecimientos en el Dodecaneso entre 1928-31 cuando hubo un movimiento que reivindicó la unión con Grecia, ni en el caso de Chipre en 1931, cuando hubo una rebelión análoga. Venizelos nunca avaló o arriesgó un levantamiento militar de los territorios irredentos si no lo podía apoyar por completo militar, diplomática y económicamente[5].

Si el lector está atento a la actualidad periodística, puede valorar la aportación de Venizelos al equilibrio establecido entre los países balcánicos tras el tratado de Bucarest en 1913 y hasta hoy, a pesar de algún problema de tensión. Igualmente puede valorar la aportación de Venizelos al equilibrio establecido entre Turquía y Grecia en el mar Egeo, tras el tratado de Lausana de 1923 y hasta hoy, a pesar de los muchos problemas y las tensiones "bélicas o semibélicas" entre los dos países, debido, sobre todo, al "revisionismo diacrónico turco" del siglo anterior, especialmente en las décadas 1950 y 1960, en las que tuvieron lugar pogromos contra la comunidad griega de

---

[4] Ibid. "Lo que le dije al rey Constantino XII. Memoria presentada al rey Constantino, 11 de enero de 1915", p. 25.

[5] Según su biógrafo "oficial", Papadakis (2017, t. A´). Sobre la valoración diplomática española, v. AGA, Asuntos Exteriores, caja 82/03122 (antiguo AMAE legajo R-841), exp. 7: Información sobre política de Grecia - Años 1934-1936. (Asunto: El irredentismo griego del Dodecaneso y Chipre. Despacho nº. 219, 29 de octubre de 1934. Ramón Abella al ministro de Estado). También Cfr. Álvarez de Frutos-Filippís (2017).

Estambul como represalia a la "cuestión chipriota". En 1974 Turquía ocupó la mitad de la isla de Chipre y poco antes había cerrado la Escuela Teológica de Halquis en Constantinopla y puso restricciones a la educación griega de la comunidad helénica (ya disminuida a unos 3.000 griegos frente a los más de 100.000 musulmanes en la Tracia griega occidental). Finalmente, a partir de las crisis de mediados de los años 90 (por un incidente militar en las islas Imia), las "zonas grises del Egeo", que chantajea la propaganda y la diplomacia turca, así como la reciente conversión de Santa Sofía (monumento cultural mundial declarado por la Unesco) en mezquita han creado un clima desfavorable entre los dos países a pesar de las coyunturas de acercamiento por terremotos o incendios.

Como se sabe, una eventual revisión o violación de Lausana representaría hoy un *casus belli*. Según los artículos 6 y 12, las aguas territoriales se marcaron en tres millas náuticas: "Salvo que se incluya una disposición contraria en el presente tratado, las islas situadas a menos de tres millas de la costa asiática permanecen bajo soberanía turca", es decir, Imbros y Ténedos. En 1936, Grecia amplió sus aguas territoriales a 6 millas náuticas desde la costa, una decisión aceptada tácitamente por Turquía que, en 1964, también expandió su mar territorial de 3 a 6 millas y desde entonces tiene aguas territoriales de 6 millas en el Egeo y de 12 millas en el mar Negro y el Mediterráneo oriental. En 2009 se ha establecido el límite de 12 millas náuticas de aguas territoriales como norma del derecho consuetudinario (según el artículo 3 de la Convención sobre el Derecho del Mar), en base al cual 148 de los 152 Estados ribereños han extendido sus aguas territoriales a 12 millas. Grecia, es el único país del mundo que puede expandir sus aguas territoriales, pero no lo ha hecho[6].

5.1. ¿Cuán pesada fue la cuenta?

Con respecto a la política interior, nuestro lector español, guiado por el buen traductor, debe tener en cuenta lo que entendía del venizelismo de 1916 o 1917 aquel de la traducción española republicana y liberal. Clavel trató de "medir" al cretense según lo que era, es decir, un político radical burgués, cuya tarea era la de poner las bases del estado contemporáneo griego y extenderlo. Y como se ha visto en las páginas anteriores el cretense

---

[6] Cfr. Syrigos y Dokos (2021) p. 13 y 19, Este "atlas de las relaciones greco-turcas" explica muy bien al lector español este tema tan delicado...

dijo esto, lo prometió, lo escribió y, finalmente, lo hizo por lo menos hasta el punto que decida el lector de estas páginas[7].

En todo caso, lo conseguido o no conseguido tuvo su precio, ya que todo tiene siempre un precio, y surgen al respecto algunas preguntas que trataremos de contestar en esta parte final del estudio...

¿Por qué fue derrotada la Gran Idea, que Venizelos asumió como propia, por qué fue derrotado el proyecto helenístico de Venizelos sin él, y por qué fue derrotada Grecia en la guerra greco-turca? Las respuestas juegan, claro está, con las probabilidades. Se dice que la historia no perdona los errores a los grandes estadistas de esta categoría. Además, se dice también que la historia castiga la arrogancia de los grandes políticos mucho más que la de los políticos comunes. ¿Pecó de excesiva arrogancia el cretense cuando se le escuchó decir durante las negociaciones de paz que él "tenía más prestigio que todos sus comensales", grandes estadistas de entonces, como llegó a reconocer alguno de ellos? Y ¿qué llegó a reconocer?

Venizelos perteneció a la categoría de los osados y grandes "soñadores realistas" de la política y no a la de los excesivamente prudentes, ya que la excesiva prudencia a veces puede conducir a la pérdida de lo adquirido[8].

Uno de los líderes del antivenizelismo, el diputado conservador y monárquico, Dimitrios Ralis, en la sesión parlamentaria del 21 de octubre 1915, se vio obligado a admitir que, con la política antivenizelista en 1912-13, Macedonia no hubiera sido griega. De otra parte, un atento observador de entonces pudo observar que durante y después de las Guerras Balcánicas, Venizelos, aunque en el apogeo de su gloria y respaldado por la unanimidad de un pueblo entusiasmado pero sereno, demostró la prudencia necesaria. ¿Fue igualmente prudente en el periodo 1917-20 cuando, tras un golpe militar provenizelista y estando las tropas de la Entente en Salónica o en el frente próximo a Salónica se hizo cargo del gobierno y permitió que se le restableciera en el poder con la ayuda de las armas extranjeras? Esto enfadó aún más al pueblo, ya agotado y exhausto por las guerras y la división nacional.

Quizá su orgullo y el orgullo nacional frente a una posible y completa realización de la Gran Idea, un optimismo, que dominaba entre las filas liberales, no le dejó ver con claridad aquella gran corriente de descontento

[7] El 1928 cuando volvió por enésima vez al poder, el cretense declaró: "transformaré a Grecia y la haré irreconocible". Nuestro libro anterior, puede ayudar al lector a entender si lo consiguió o no y hasta qué punto.
[8] Svolópoulos (2009), p. 64.

popular y general en su contra, que había empezado a reinar y a actuar solapadamente por primera vez desde 1917, cuando regresó triunfante al Gobierno. Tampoco el perspicaz cretense pudo entender a tiempo el cambio en la evolución del factor internacional que gradualmente (y por distintas razones) abandonó su apoyo a Grecia, ya antes de las elecciones de noviembre de 1920.

¿Pecó de excesiva arrogancia el cretense? Es posible, ya que no quiso revisar su política cuando en marzo de 1920, poco antes de la Conferencia de San Remo, los ingleses le dejaron muy claro que no podían ofrecerle ninguna ayuda militar "para aplastar a Kemal"[9]. La victoria aplastante de los antivenizelistas en las elecciones de 1920 y la vuelta del rey Constantino, antes destronado, demostraban el recrudecimiento de la ruptura nacional y el cretense se dio cuenta de eso con mucho retraso. Y en una declaración suya tan autocrítica y profética dijo: "Creía que tenía conmigo al pueblo griego. Y lo que hice lo hice empujado de tal fuerza. Hoy día me doy cuenta de que tendré que dar explicaciones ante la historia. Me doy cuenta de la responsabilidad que he asumido ante este pueblo. La obra conseguida se vendrá abajo. Y quedará la cuenta. Y la cuenta será pesada. Y me remuerde la conciencia"[10].

Venizelos, aunque tarde, supo reconocer sus errores. Por tanto, podemos atrevernos a suponer, que de seguir estando en el poder tras 1920, quizá hoy no hablaríamos de "catástrofe", sino de una "gran derrota" de Grecia en Asia Menor al igual que la de España en Marruecos. El cretense, como vimos, a partir de principios de 1921, aconsejaba el repliegue de las tropas griegas a la región de Esmirna. Tal vez, hubiera oído la alarma que llegaba de España tras el desastre de Annual. Y en este punto la pregunta es: ¿Si hubiera gestionado él, el gran traductor de Tucídides, la campaña en Asia Menor, hubiera podido acabarla sin que se convirtiera en una nueva y nefasta "expedición a Sicilia" como hicieron sus adversarios[11]? De lo expuesto hasta ahora, no cabe duda de que Venizelos era un político muy realista,

---

[9] Filippís (2010), p. 60. Ya antes del Tratado en Sèvres, Venizelos había declarado a los aliados que "Grecia, aunque sola, podía aplastar a Kemal".

[10] La reproducción de lo dicho por el cretense, según Dordanás-EAP (2024), p. 64 y Cristopoulou-Parlamento griego (2014), p. 266.

[11] La expedición de Atenas a Sicilia durante la guerra de Peloponeso tuvo lugar entre el 415 y 413 a.C. Después de un cierto éxito inicial, esta expedición se convirtió en un desastre absoluto para las fuerzas atenienses. Como irónicamente relató Tucídides en su *Historia de la guerra del Peloponeso*, los generales atenienses que condujeron la campaña tenían un conocimiento insuficiente de Sicilia o de su población y, por lo tanto, las fuerzas para su

que sabía cómo adaptarse a las circunstancias, ya que tenía buena relación con la lógica aristotélica. No se puede sostener lo mismo de sus adversarios… ¿Reconoció algún error el antivenizelismo más allá de la admisión de Dimitrios Ralis de que con la política antivenizelista de 1912-13 Macedonia no hubiera sido griega? Venizelos hasta el golpe militar de finales de agosto de 1916 en Salónica ayudado por las tropas de la Entente basó su autoridad en el sufragio de los ciudadanos que votaron a favor de un programa "concreto y defiendo a las claras". Era amigo de Francia e Inglaterra, porque Grecia, según pensaba

> "debe todo, hasta su existencia, a esas dos naciones liberales. Pero, además, estoy absolutamente convencido de que ellas saldrán victoriosas (…) de la guerra (…) serán los triunfadores de mañana (…) prescindiendo de la obligación que tenemos de socorrer a Serbia en virtud de un tratado irrenunciable, yo quería acabar de una vez con nuestros eternos enemigos, los turcos y los búlgaros, y liberar para siempre los territorios helénicos que sufran esclavitud."

¿En qué basaban los antivenizelistas sus gobiernos? En que en "todo régimen constitucional el gobernante necesita dos cosas para serlo con arreglo a la ley: la mayoría del pueblo y la confianza de la Corona. Es innegable que Venizelos contaba con la primera, puesto que tenía mayoría parlamentaria; pero es asimismo evidente que le faltaba la segunda". Es decir, según el razonamiento antivenizelista la existencia de un gobierno u otro dependía, finalmente, de la voluntad del rey y no de lo que votaran los ciudadanos griegos. ¿Y qué pretendían estos gobiernos antivenizelistas o constantinistas? La paz porque el pueblo griego solo desea permanecer en paz. Sin embargo, las elecciones las ganó reiteradamente Venizelos con su programa antes expuesto brevemente[12].

---

conquista eran deplorablemente inadecuadas. Murieron 4.000 atenienses. La derrota fue total. Fuente: Tucídides, *Historia de la guerra del Peloponeso*, Libros VI y VII principalmente.
[12] Los entrecomillados anteriores, tanto el del párrafo sangrado con los del siguiente, pertenecen a las entrevistas a Venizelos y al señor Caradja, secretario particular del presidente Gúnaris, 9 de noviembre de 1915. Gaziel, (2014), pp. 143-165.

5.2. *Cuidado con quienes te rodean…*

Obviamente, la cuenta se llamaba división nacional. "Todos somos culpables del cisma nacional y Venizelos aún más", confiesa Metaxás en sus diarios, pero cuando escribió esas palabras no estaba enterado de la conspiración, que no llegaron a realizar, entre el exiliado rey Constantino I y su yerno el Kaizer alemán, en 1917[13]. Finalmente, para Metaxás, Venizelos era un peón de los ingleses, que le ofrecían territorios que no eran suyos y el cretense comió siempre el cebo británico. Además, Metaxás, "el único militar y político sobre cuya conciencia no pesaba la catástrofe de 1922", destacó más veces y a tiempo, que la decisión de la aventura de Grecia en Asia Menor emprendida por Venizelos pecó de excesiva imprudencia, aunque el futuro dictador nunca puso en duda la preocupación del cretense por la salvación del helenismo *micrasiático*. Por otra parte, para Metaxás, la reserva del rey a la hora de la participación de Grecia en la Gran Guerra no era más que una excesiva prudencia[14].

Ahora bien, la pregunta es: ¿Se hubiera podido evitar la división nacional, si sus protagonistas, el rey Constantino y el cretense y sus seguidores después, hubieran estado dispuestos a negociar, ya que Venizelos nunca se declaró abiertamente antimonárquico? La diplomacia española hizo expresa referencia en varias ocasiones al enfrentamiento entre la Monarquía y Venizelos y expresó su opinión. Para la óptica liberal española no existía de verdad una cuestión sobre la forma de Estado en Grecia ya que,

> "… su monarquía actual no es más que una República cuya presidencia, en vez de ser electiva, se transmite de padres a hijos en la forma estatuida por la Constitución, pero en la que el pueblo goza de todos los derechos que le son propios en las democracias. Con el régimen hereditario se evitan dificultades que la provisión de la primera magistratura produce y que conviene alejar en las jóvenes democracias"[15].

Con independencia de su juventud "revolucionaria", cuando se enfrentó al príncipe Jorge, siendo este gobernador general de Creta, no parece que a Venizelos le importara la forma del Estado, dice otro despacho, aunque según opinión del embajador, el cretense "siempre se ha declarado más bien

---

[13] Cfr. Cap. 3.1.
[14] Para este párrafo, cfr. Veremis (2022).
[15] AHN, H,1605: Despacho 117 del EEA-ME, 31 de julio de 1917.

monárquico que republicano"[16]. En realidad, la diplomacia española le consideraba más bien un monárquico que un republicano y Unamuno llegó a decir de él que era "un buen republicano del rey"[17]. Otros acontecimientos ahondan en esta cuestión: en julio de 1917, el embajador de España en Atenas transmitió al Ministerio de Estado la convivencia de Venizelos con la monarquía a pesar de que el rey, en ese momento Alejandro I, carecía "de preparación y de cualidades para ejercer de manera efectiva sus funciones"[18].

En 1920, Venizelos "ofreció" la Corona al príncipe Pablo, tercer hijo de Constantino, y este la rechazó. La I República se proclamó en a Asamblea Nacional en marzo de 1924 y mediante un plebiscito que obtuvo mayoría absoluta en abril del mismo año. Esto ocurrió mientras Venizelos estaba autoexiliado en París, pero antes de abandonar Grecia estuvo de primer ministro durante un mes y entonces fue cuando cayó desmayado en el Parlamento, como se ha dicho, al no querer contestar a Papanastasíou si preferiría la República o la Monarquía. En todo caso, el enfrentamiento con la Monarquía solo acabó cuando Venizelos, ya retirado en París[19], tras el fracaso de la rebelión militar de 1935, se declaró partidario de "cierta tolerancia hacia la monarquía, con la condición de que esta no adoptase la forma de dictadura"[20]. Y un dato más, en la entrevista que le hizo Gaziel, antes citada, no cita al rey ni le hace una sola referencia. Cita la Constitución, que "exige que el gobierno del reino sea fruto espontáneo de la voluntad popular", y califica de "martingalas y vejaciones indignas políticas" lo que ocurría en Grecia desde su última caída política tras haber ganado todas las elecciones[21]. Conteste el lector a la pregunta sobre si Venizelos era monárquico o republicano.

Ahora, podemos preguntarnos si Venizelos era demócrata. Era "de todos conocido su autoritarismo", observó otro informe diplomático español,

---

[16] Ibid. Despachos 113, y 159, 13 de julio de 1917 y AHN, H,2518: 21 de abril de 1927.

[17] Según destaca Unamuno. El original es un artículo de Spiros Melás, publicado en el periódico griego *Ελεύθερον Βήμα* (*Eléfteron Vima* -Tribuna Libre), 19 de marzo de 1936 con ocasión de la muerte de Venizelos. Es también importante que el gran escritor y filósofo español precisara a la postre: "por la fiel traducción del romaico: Miguel de Unamuno", (la palabra romaico procede *romios*). V. Ahora, 21 de marzo de 1936 y cfr, Álvarez de Frutos, P. y Filippís, D. (2017) p. 200.

[18] Despacho 113, 13 de julio de 1917, (AHN, H,1605). M. Morcillo, "Caída de la monarquía y proclamación de la primera república griega (1924).

[19] Sobre la proclamación de la II República según la óptica española, Morcillo (2001), pp. 229-240.

[20] AHN, H,1605: Despacho 113, 13 de julio de 1917 y Morcillo, (2001), p. 229 y 2004, p. 273).

[21] Gaziel, (2014), pp. 146 y 147.

aunque se refiere a su segunda etapa[22]. En efecto, la trayectoria gubernamental del cretense demuestra, en ocasiones, una concepción política no
muy parlamentaria, aunque hay que tener en cuenta las martingalas políticas que utilizaron contra él y su proyecto. En un abrir y cerrar de ojos disolvió la Primera Asamblea revisionista de 1910 en la que tenían la mayoría los partidos antiguos, los de antes de 1909. ¿Podía llevar adelante su
programa reformador con ese Parlamento? Gobernó sin Parlamento en el
periodo desde la disolución de la Segunda Asamblea revisionista hasta las
elecciones de 1912. Durante la Primera Guerra Balcánica solía informar al
Parlamento (y al pueblo) a través de "su prensa". Después, en 1917, gobernó
con la Asamblea elegida en 1915 (el llamado "Parlamento Lázaro"). ¿Debía
gobernar con una ley, que firmó el rey Alejandro, con la que se abolió el
Parlamento salido de las elecciones del 6-12-1915, que el cretense denunció y en las que su partido se abstuvo, o "resucitar" el Parlamento salido de
las elecciones del 31-5-1915 en las que el cretense triunfó? Nada hizo para
evitar el clima de la gran violencia-revancha contra sus adversarios. ¿Lo
hicieron sus adversarios cuando gobernaron? No, por cierto. Posiblemente
no tuvo una actitud muy parlamentaria, aunque hay que tener en cuenta
las circunstancias extremas y/o extraordinarias en las que gobernó y la
oposición que tuvo. En realidad, es posible que le bastara con tener la primera y la última palabra. Y la conclusión puede ser que a Venizelos no le
disgustaba ser un presidente de la República con poderes ejecutivos.

Lo demostró en varias ocasiones y sobre todo en todas las negociaciones diplomáticas que dirigió, desde el acuerdo de Bucarest (1913), la Conferencia de Paz (1919-20, acuerdo de Sèvres) hasta las negociaciones de
Lausana, nunca o casi nunca consultó a nadie sus iniciativas y decisiones,
alejándose incluso de sus íntimos colaboradores. Y es significativo el hecho
de que, durante buena parte de la Conferencia de Lausana, el así llamado
"gobierno militar revolucionario" del general Plastiras, aunque provenizelista, decidió poner a Apóstolos Alexandrís, ministro de Exteriores, como
"asesor de vigilancia" al cretense.

También, hemos visto que en algún caso Venizelos prefirió "escapar" (en
1924, por ejemplo) o disimular y volver cuando más le convenía (recordemos que no participó en las elecciones de diciembre 1915 y volvió "resucitando el Parlamento Lázaro" de las anteriores elecciones de aquel año),

---

[22] AHN, H,2518: despacho 173, 29 de abril de 1927. Cierta bibliografía asocia las tendencias
"autoritarias" de Venizelos con su gran labor en la "modernización burguesa" de Grecia.
Sobre estos aspectos, Mavrogordatos y Jatsiiosíf, (1988).

mientras que en otras ocasiones prefirió no "expresarse con claridad". Por ejemplo, le acusaron de no oponerse de manera radical e irrevocable a la ejecución de los seis políticos y militares antivenizelistas, pero su actitud estuvo lejos de la duda de Georgios Ralis, nieto de Dimitrios Ralis, según el cual Venizelos no se expresó *apertis verbis* si quería o no la ejecución[23]. Sobre esto, la cuestión fue como sigue…Se ha dicho poco antes, que el señor Reynoso, delegado español en Lausana, comunicó mediante telegrama al Ministerio de Estado español, su entrevista con Venizelos, delegado griego[24]. Según el contenido del telegrama, Venizelos, *motu proprio*, había telegrafiado al Gobierno de Atenas sobre el príncipe Andrés "encareciendo con el mayor interés, que [el príncipe] no fuera condenado más que a destierro y que se evitase el acto de la degradación". Venizelos también recomendó al Gobierno que los culpables fueran juzgados por "tribunales ordinarios de justicia, menos intransigentes", y durante la entrevista expresó su convencimiento de que su petición sería escuchada. No lo fue y la responsabilidad debía recaer en quien tomó las decisiones[25].

En todo caso, aunque se le puede acusar de actitud ambigua, … nadie es perfecto. Según algún estudio posterior Venizelos, al recibir en Lausana las quejas de las grandes potencias, que amenazaron con retirar sus diplomacias en Grecia (y Londres lo hizo al interrumpir de momento sus relaciones con Atenas), envió un telegrama en el que aconsejaba al gobierno militar tratar el tema con la máxima cautela evitando lo excesivo, pero aquel telegrama llegó con retraso y tras la ejecución. Según otra valoración posterior, aunque hoy aquella actuación constituye una deshonra para el gobierno revolucionario, bajo las circunstancias de entonces, con las olas de refugiados que llegaban, fue una resolución inevitable, ya que el pueblo pedía la catarsis y así, como se ha dicho, fue evitada de momento una guerra civil[26].

Frente a todo esto, la pregunta que se formula es: ¿Qué le empujó a actuar como actuó? Una repuesta posible puede ser el estado de emergencia

---

[23] Semanal *Historiká* del diario *Eleftherotipía*, 25 de noviembre de 1999. Sobre el "nuevo juicio", *Historia Iconografimeni*, v. 521, noviembre de 2011, homenaje a la campaña militar en Asia Menor 1919-22. Georgos Ralis fue jefe del Partido Nueva Democracia y primer ministro en 1980-81.

[24] Telegrama núm. 4, cifrado clave número 265, 2 de diciembre de 1922, de Reynoso, delegado en Lausana, al Ministerio de Estado de España (AHN, H,1605, Correspondencia de Grecia). Todo ello y más en Álvarez de Frutos, (2015) pp. 269-303.

[25] AHN, H, 1605. Telegrama núm. 891, cifrado clave 301, 2 de diciembre de 1922, del embajador de España en París al ministro de Estado de España.

[26] Rozakis-Rizas (2023).

continuo en el que se vio obligado a gobernar. Muchos, no necesariamente antivenizelistas, le reprochan, para bien o para mal, haber sido el primer responsable de la gran ruptura, pero, según la óptica española, el primero que no respetó reiteradamente la Constitución fue el rey y aquellos de los que se rodeaba, porque el rey estaba "formando un partido personal, compuesto por los oficiales del ejército griego (germanófilos todos como su monarca) para oponerlo al partido de Venizelos, que estaba formado completamente por hombres de carrera, industriales, comerciantes y masa popular"[27].

Lo innegable son los hechos y algunos le acusan como por ejemplo los cambios del sistema electoral adaptado cada vez a su gusto (mayoritario y corregido cuando le convenia) o el centro electoral que había creado en Salónica solo para judíos y musulmanes, aunque es necesario advertir que esto ocurrió cuando Venizelos pretendía crear un estado verdaderamente nacional, es decir, para todos los griegos y cuando los autóctonos llamaban a los refugiados yogurines.

5.3. *Un jefe infatigable-final*

"¿Quién era de verdad Venizelos?" Otra vez, puede decidirlo el lector después de haber leído este estudio. Por último, el siguiente despacho (aunque bastante posterior, pero referido al periodo aquí tratado) a propósito de "la desaparición del gran protagonista (ndr. el 18 de marzo de 1936 en París) de aquellos acontecimientos (ndr. del cisma nacional), el viejo pero infatigable jefe cretense, el señor Venizelos"[28].

> "Venizelos fue, sin disputa, la fisionomía política más eminente de la Grecia moderna. Durante un cuarto de siglo su poderosa personalidad imprimió su huella en la dirección de la vida entera del país. En el poder o en la oposición, en el destierro y hasta condenado a muerte, fue siempre él, quien constituía el eje único en torno al cual se concentraba el entusiasmo fanático y los odios más salvajes de un pueblo inconstante y apasionado. Durante 25 años fue el único estandarte de las luchas políticas, puesto que sus propios adversarios se vieron obligados para poder sostenerlas a hacer preceder sus programas de la partícula 'anti'. Todas las

---

[27] Gaziel, p. 139.

[28] AGA, Asuntos Exteriores, caja 82/03122 (antiguo AMAE legajo R-841), exp. 7: Información sobre política de Grecia - Años 1934-1936. (Despacho no 56, Asunto: Política interior de Grecia. Ramón Abella al Excmo. ministro del Estado, 17 de abril de 1936).

tentativas hechas durante este periodo para formar otros partidos fracasaron lamentablemente sumergidas por las olas del venizelismo y del antiveniselismo. Forzoso es, por tanto, deducir que la desaparición de ese gran jefe será seguida de cambios profundos, cuando no de una transformación general de la vida política de Grecia. Por lo pronto, parece seguro que el gran partido liberal o venizelista, del que ha sido fundador y que constituía la organización política más sólida del país, no tardará de dislocarse, a pesar de los juramentos de eterna fidelidad de sus principales lugartenientes. Esta disolución provocará la descomposición más completa todavía del grupo antiveniselista, mucho menos coherente y disciplinado y cuyo programa consistía en hacer todo lo contrario de Venizelos…"

No hace falta decir que el embajador de la II República en Atenas, Ramón Abella, acertó en todo con aquel despacho de 17 de abril de 1936. Poco después del golpe franquista, Abella falleció y fue enterrado en la capital helena, mientras que la sede de la entonces Legación española la ocupó, "por un golpe diplomático", el representante de Franco, Sebastián Romero Radigales[29]…

---

[29] Filippis (2008, 2010 y 2022).

ANEXOS

1.1. Textos de Venizelos traducidos

1.1.1. *Prólogo de Eleftherios Venizelos*[1]

Se me ha acusado tanto de haberme dejado deslumbrar por un patriotismo equivocado, como por el hecho de recoger en un libro algunos de mis artículos publicados en el *Kyrix* de Atenas, sin mi firma, pero cuya paternidad reclamo, mis dos exposiciones a S.M. el Rey de Grecia, y algunos discursos pronunciados en momentos solemnes ante la Cámara de representantes del país griego. Esto habría de constituir, si los acontecimientos posteriormente no lo hubiesen demostrado con su lógica fatalista, el testimonio reivindicativo de mi lealtad y clarividencia patrióticas. Todos mis escritos, todas mis palabras, aun sin creerme en posesión de los secretos de la Pitia mitológica, proclaman de manera indudable la sana orientación de la política que, consecuente con las aspiraciones de abrir ante mi pueblo nuevos y brillantes horizontes de progreso y de grandeza, pretendí imponer a los hombres de mi patria, desde el instante en que se desencadenó el conflicto europeo, para que con fe en el alma y entusiasmo fervoroso y heroico en el corazón, se lanzaran a la conquista de sus más altos destinos.

Lo dicho, dicho está; lo escrito, escrito está. No he de tachar ni una sola palabra ni retirar el menor de los conceptos por mí expuestos. No cabe de mí una rectificación de conducta ni un arrepentimiento por desaciertos de gobierno. No todos los griegos pueden decir lo mismo.

Las causas que todo el mundo se explica, pero que no pueden justificarse, han labrado la ruina casi total de mi patria y sacrificado nuestro porvenir esplendoroso. La guerra nos dejó entrever la posibilidad de obtener en el Oriente de Europa el puesto que nos corresponde a los griegos, en posesión de las virtudes de los latinos y enamorados de su espíritu y de su cultura. Con nuestra expansión se hubiera extendido la civilización radiante, luminosa, de los pueblos occidentales. ¡Qué dolor el no poder realizar tan bello sueño!

---

[1] Por su valor histórico transcribimos, traducimos y adaptamos el prólogo de Venizelos. Lo tomamos de Eleftherios Venizelos *Grecia ante la Guerra europea*. Valencia, Cervantes, 1916 o 1917, pp. 21-23. Las ediciones norteamericanas no incluyen este prólogo.

La defección de Grecia nos volverá a sumir en el terrible letargo, en el encanto de siglos en que vivíamos antes de las dos guerras victoriosas de los Balcanes. Nuestra no intervención en la guerra representa, aparte de un gran error político y de nuestra falta para con Serbia, la mayor ingratitud para con Francia, Inglaterra y Rusia, cuyas escuadras nos liberaron del yugo ominoso de los turcos, después de la gloriosa batalla de Navarino, y que han continuado favoreciéndonos después. Nuestra existencia nacional se debe a las tres grandes potencias de la Entente. Por ellas somos un pueblo, un Estado organizado y libre; con ellas hubiéramos llegado a alcanzar la plenitud de nuestra fuerza y a cumplir la alta misión que nos traza el pasado de esta Hélade inmortal; sin ellas volveremos a los días decadentes y desalentadores; contra ellas, monstruosidad que no concibo, correremos el riesgo de desaparecer.

He sido siempre, desde que en Creta nací a la vida pública, un optimista irreductible. Esta circunstancia me obliga a no perder la fe en las heroicas cualidades de mi raza. Confío en nuestro porvenir y estoy convencido de que los griegos de hoy, a pesar de las fuerzas adversas que nos empujan hacia el ocaso nacional, aún han de ser capaces de un nuevo esfuerzo para evitar que se apague la antorcha sagrada, y tengamos que escribir en las tinieblas los nuevos capítulos de la historia de nuestro pueblo.

E. Venizelos

1.1.2. *Manifiesto al país*[2]

"El Partido Liberal se abstendrá de las elecciones. La decisión fue tomada ayer en la reunión general. Eleftherios Venizelos al pueblo griego. El Partido Liberal decidió ayer abstenerse de las elecciones del 6 de diciembre, autorizando a su jefe a dirigirse al Pueblo Griego con esta declaración de explicación. Eleftherios Venizelos explica de inmediato con este informe suyo las razones que le condujeron a él y a sus amigos a abstenerse de las elecciones inminentes".

A la crisis aguda de la política exterior provocada por la guerra europea en nuestro país, cuyo provenir está ligado indisolublemente al resultado de

---

[2] Este manifiesto de Venizelos, aconsejando a su partido la abstención en las elecciones generales de 19 de diciembre de 1915, no fue transmitido al extranjero por orden del Gobierno de Atenas que secuestró, además, los periódicos liberales que lo insertaban. Es un texto, traducido por los autores, de gran valor histórico y que se da a conocer por vez primera en lengua castellana. Primera página del diario *Patrís,* lunes, 9 de noviembre de 1915.

esta guerra, hay que añadir la espantosa crisis interior, crisis que tiene por causa la abolición de los principios liberales de nuestro régimen.

Después de marchar cincuenta años por la senda constitucional, cuando por un esfuerzo supremo de todas sus energías ha conseguido el pueblo griego realizar una gran parte de sus aspiraciones nacionales y arrancar de la esclavitud a millones de hermanos, se ha creído conveniente privar de sus libertades políticas a los combatientes de Bizani y de Kilkis.

Cuando en el pasado mes de febrero, aún sin que se pudiera alegar el menor fundamento para ello, se supuso que la representación nacional había dejado de estar de acuerdo con la opinión pública, tuvo que retirarse del poder el Gobierno parlamentario del país; la Cámara fue disuelta arbitrariamente y se convocó al pueblo para que dictara su veredicto.

Fue tan claro este veredicto que no daba lugar a dudas; pero no sirvió de nada. Los que en el transcurso de un lustro fueron sistemáticamente desautorizados por la mayoría del Pueblo griego, en las cuatro ocasiones que hubo necesidad de recurrir a él, creyeron que tenían el derecho a apoderarse del timón del poder arrancándoselo de las manos a quien el pueblo griego se lo confió, y sucedió una vez más en las últimas elecciones[3].

Nos encontramos, pues, en presencia de una desviación manifiesta de nuestro régimen político. Poco a poco ha sido convertida la Constitución en un verdadero pedazo de papel cuyo objetivo es la aplicación de una política propia y la imposición de un sistema gubernamental determinado, que no tiene justificación más que en un país monárquico al modo de Prusia, donde el órgano supremo del Estado es el monarca. Semejante régimen representa la supresión radical del régimen constitucional, es decir, de una democracia con el rey como presidente, democracia en la que el órgano supremo del Estado es el mismo pueblo "del que emanan todos los poderes"[4].

Esta desviación de nuestro régimen se representa más aparente todavía por el decreto convocando a nuevas elecciones para el 6 de diciembre.

No existe ninguna razón para proceder por segunda vez en algunos meses, a nuevas elecciones legislativas, en medio de la gran crisis que provoca la terrible guerra europea. La última crisis gubernamental no fue provocada, efectivamente, por haber manifestado la mayoría de la Cámara la voluntad de derribar al Gobierno; la Cámara no tuvo otro pensamiento que la sencilla defensa de su dignidad.

---

[3] Las cuatro citas electorales a las que se refiere corresponden a: 1910, agosto y octubre, primer ministro y en noviembre elecciones constituyentes; 1912, marzo y 1915, mayo.
[4] Artículo 21 de la Constitución griega.

Es notorio que la Cámara hubiera tolerado la reconstitución del Gobierno, excluyendo solamente al ministro que había insultado a la representación nacional. A pesar de la afrenta infligida intencionadamente a la representación nacional, el haber sido elegido el ministro que tan gravemente había faltado al respeto que se debe a la Cámara, para ocupar el cargo más elevado de la Corte real[5] y no obstante habérsele mantenido en el nuevo Gobierno, la oposición se limitó a declarar que se abstendría de asistir a las sesiones. Este acuerdo tenía por objeto el hacer posible el voto en favor de los amigos del Gobierno[6] y la aprobación de los más urgentes proyectos de ley, con el fin de evitar nuevas elecciones hasta la desmovilización.

Todas estas concesiones de la oposición no han podido conseguir que el Gobierno desistiera del condenable acuerdo de proceder a la inmediata disolución de la Cámara y a las nuevas elecciones; precisamente en el momento en que todos los movilizables del reino están bajo las armas, y cuando el mantenimiento de la movilización prueba que el Gobierno teme encontrarse, a pesar de todo, en la necesidad de una guerra para defender la integridad territorial de nuestro país.

La proclamación de las elecciones bajo estas circunstancias es un comportamiento comprobable y sin precedentes por parte del antiguo régimen que, según se creyó, había sido abolido por la revolución de 1909; pero ha intentado renacer por primera vez con el ministerio del mes de febrero[7], fue derrotado pero concentra hoy todas sus energías para formar una Santa Alianza en un esfuerzo supremo para suprimir las libertades del pueblo, porque no puede vivir, sino mediante la supresión de estas libertades. Y se ha demostrado que sin dicha supresión no es posible la vuelta al régimen prerrevolucionario.

Se procede a estas elecciones en un momento en el que gran número de diputados liberales se encuentran bajo las banderas y, en consecuencia, en la imposibilidad de tomar parte en la campaña electoral. Todos los hombres movilizables están en el ejército. Así es, que sólo son llamados a las urnas los viejos, los inútiles, los que no fueron declarados soldados, los impedidos. Estos son los que por haber sido excluidos los

---

[5] El general Yanakitsas, ministro de la Guerra y a quien alude Venizelos fue nombrado, al día siguiente del incidente, primer ayuda de campo del rey.

[6] Así constituían el *quorum* necesario.

[7] Ministerio Gúnaris.

otros, decidirán con su voto la suerte de la nación. El Gobierno no sólo mantiene bajo las banderas con la movilización a la mitad de los electores, sino que ha decidido— y esto no se oculta a sus amigos para proclamarlo— conceder permiso a sus partidarios la víspera de las elecciones para que puedan votar. Los movilizados que no son amigos del Gobierno serán retenidos en sus regimientos, sujetos a la disciplina militar.

Unas elecciones así preparadas, no son más que un simple acto de teatralidad. El Gobierno aspira a representar una comedia indigna de un pueblo libre. Sólo como burla, puede dar a esta comedia el título de manifestación de la voluntad nacional. En esta comedia política, que tiene por objeto única y exclusivamente el impedir que se manifieste la voluntad nacional, el dar a creer por medio de un escrutinio amañado que el pueblo aprueba no sólo la vergüenza del incumplimiento de un tratado de alianza que le permitió a Grecia extender sus fronteras hasta el Nestos, sino también el envilecimiento de nuestro régimen político y el alejamiento de Grecia de sus amigos naturales; en esta comedia política, repito, el partido liberal tiene el deber de no tomar parte, con el fin de no dar una apariencia de legalidad a lo que constituye, conforme a la realidad de las cosas, una violación de la ley constitucional y de la moral.

El abstenerse de tomar parte en las elecciones no quiere decir que el partido liberal abandona la política y se desentiende de la lucha. Por el contrario, con esta abstención continúa participando en la política. El partido liberal deja al Gobierno que ha creado esta situación, la responsabilidad plena y absoluta de la desviación de nuestro régimen político y de los desastres que esta política cause a la nación. Al mismo tiempo trata de prevenir nuestro partido otros desastres que podrían resultar de una lucha interna que podría surgir, extenderse rápidamente y agudizarse en medio de una crisis exterior.

Cuando haya pasado esta crisis exterior y en el caso de que los desastres a que nos arrastra la política del Gobierno adquieran proporciones tales que acaben con nuestra fe en el porvenir. el partido liberal se dispondrá a tomar parte en la lucha en que se ha comprometido al país, para defender sus libertades constitucionales.

Cualquiera que sea su naturaleza, la gravedad de esta lucha, entrañará en el futuro menos peligros que si se plantea hoy, cuando atravesamos las circunstancias más terribles y la mayor crisis nacional que hemos conocido.

La restauración de las libertades del pueblo heleno será la condición indispensable para la salud del Estado. Sólo ella podrá salvarnos del marasmo y del fin sin gloria a que nos llevaría el establecimiento definitivo del despotismo en nuestro país.

En Atenas el 8 de noviembre de 1915
Eleftherios K. Venizelos

1.2. Otros textos históricos

1.2.1. *Venizelos, de Creta a Atenas (Gudí)*[8]

Clavel hizo un relato heroico de Venizelos y de su iniciación política en Creta: sus enfrentamientos con los turcos (menciona la sublevación de 1897, cómo salió ileso de un atentado y de un incendio provocado de su casa), cómo dirigió las negociaciones con las potencias occidentales para unir la isla a los destinos de Grecia, así como una descripción del levantamiento de Cériso en 1905, que proclamó la unión de Creta con Grecia.

Venizelos estudió derecho en la Universidad de Atenas y ya licenciado regresó a Creta donde fue elegido miembro de la Asamblea por el partido liberal. Partidario de la unión de Creta con el, entonces, Reino de Grecia, participó en los levantamientos en la isla de 1889 y 1897 contra el Imperio otomano que pretendían la citada unión.

Los deseos de adhesión a Grecia, enosis (ένωσις), de los cretenses fueron expresándose con diversos grados de agresividad desde mediados del siglo XIX. Con la intervención de las potencias europeas, las negociaciones sobre Creta se entrelazaron con las del Epiro, Tracia y otros territorios. En el marco de esta lucha cretense, octubre de 1878, con el convenio de Jalepa (barrio de La Canea), que fue una consecuencia del Tratado de Berlín (julio de 1878), el Imperio otomano, por presión de las grandes potencias, se vio obligado a reconocer algunos derechos de autoadministración a los sublevados cretenses. Más tarde, tras la rebelión de 1896, el problema cretense quedaría resuelto a finales de 1898, cuando las potencias ocuparon las principales ciudades de Creta y la isla confirmaba y conseguía su amplia autonomía, con la formación del llamado Estado de Creta (*Κρητική Πολιτεία*, 1896-1913), con un

---

[8] Seguimos en este punto a W.A. Heurtley y otros: *Breve Historia de Grecia*, (traducción de Victorio Peral Domínguez), Cambridge University Press, 1969 y R. Clogg, *Historia de Grecia*, (traducción de Helena Aixendri Boneu), Cambridge University Press, 1998.

gobierno propio y un Alto Comisionado nombrado por el rey de Grecia, que recayó en el príncipe Jorge, porque no necesitaba el acuerdo del sultán otomano ni este podía vetar la legislación aprobada por el parlamento insular ni participar en la elección de los funcionarios.

Venizelos, entonces parlamentario de aquella autonomía de la isla, participó en la redacción de su constitución y fue nombrado ministro de Justicia. Pero sus relaciones con el Alto comisario no fueron buenas y aquel dimitió en 1905, acusando al príncipe de excederse en sus atribuciones y de retrasar la unión de la isla con Grecia. Tras la dimisión encabezó una rebelión contra el príncipe, que tuvo como objetivo la deseada unión con Grecia, conocida como levantamiento de Cériso, que las potencias ahogaron.

La revuelta tuvo consecuencias. En septiembre de 1906, el príncipe Jorge, muy impopular, abandonó la isla y fue reemplazado por Alexandros Zaimis, los diputados, en 1908, cretenses proclamaron la unión con Grecia, que se formalizó al término de las Guerras Balcánicas en 1913, momento desde el que Creta forma parte del Estado griego. También sirvió para que Venizelos se convirtiera en héroe nacional.

El 27 de agosto de 1909 un grupo de oficiales de la guarnición de Gudí, próxima a Atenas, publicó un manifiesto en el que exigían la destitución de los príncipes de sus cargos en el Ejército, que los Ministerios de Guerra y de la Armada fueran ocupados por militares de carrera y, también, numerosas reformas militares y civiles. El citado manifiesto tuvo el apoyo de una multitudinaria manifestación en Atenas a finales de septiembre.

En el trasfondo de este el golpe de Estado militar y de la manifestación citada estaba la derrota ante Turquía de 1897, la mala práctica de los políticos tradicionales frente a la crisis económica, la amenaza de la revolución de 1908 de los Jóvenes Turcos, más nacionalistas que liberales y volver a poner el futuro de Creta en manos de las potencias occidentales. La Liga Militar griega, recientemente creada, daba respuesta a esa amenaza.

El presidente del Gobierno, Dimitrios Rallis, dimitió y, sus sustitutos (Kiriakulis Mavromijalis y después Stéfanos Dragumis) realizaron algunas de las reformas exigidas por la Liga Militar, pero esta decidió confiar en Eleftherios Venizelos, primer ministro del Estado de Creta en aquel momento, que no tenía mucha relación con el mundo político de Atenas y disfrutaba de prestigio por haber protagonizado la autonomía de Creta en 1897. El cretense llegó a Atenas el 28 de diciembre 1909 / 10 de enero de 1910 y diez meses después, el 18 de octubre de 1910, fue nombrado primer ministro y ministro de Guerra…

1.2.2. *Reformas de la primera etapa de Venizelos*

Tras las elecciones de agosto de 1910 a las que Venizelos no presentó su candidatura, consiguió la disolución de la Liga Militar a cambio de que la nueva Cámara revisara la Constitución de 1864. Sus partidarios formaron un grupo homogéneo y en las elecciones de diciembre del mismo año el Partido Liberal consiguió casi 300 escaños de los 362 del Parlamento (la oposición conservadora se abstuvo de las elecciones tachándolas de anticonstitucionales). En las elecciones de marzo de 1912, con un Parlamento muy reducido en número respecto de aquel de 1910, 182 diputados, Venizelos y sus partidarios lograron un gran triunfo con más del 80% de los escaños. En todo caso, durante su primer lustro (1910-15), con ese gran respaldo popular, el cretense comenzó a realizar su programa de reformas para "la formación de un estado de justicia".

Venizelos devolvió al príncipe su situación militar, excarceló a los militares, que intentaron evitar el golpe militar, y puso en marcha algunas de las cincuenta propuestas de la Asamblea revisionista de la nueva Constitución (de junio de 1911): redujo el cuórum parlamentario a un tercio para evitar el obstruccionismo; expropió tierras, que fueron la base legal de posteriores reformas agrarias; hizo reformas educativas y la educación primaria se transformó en obligatoria y gratuita; saneo la administración y su acceso evitando, en gran parte, el favoritismo político que reinaba, y el acceso al servicio civil se condicionó a la realización de un examen; se reorganizaron los gobiernos locales[9]. En cuanto a las medidas sociales, fijó un salario mínimo para mujeres y niños, legalizó los sindicatos obreros y se prohibieron los sindicatos de "empresa" sin filiación.

Respecto de la economía, se creó el Ministerio de Economía Nacional; se bajaron las tasas de interés; se aplicó un impuesto sobre la renta, ampliamente eludido por quienes debían pagarlo, con el objetivo de reducir

---

[9] Según el embajador español, vistas las dificultades que le ponía la Cámara para introducir las reformas constitucionales que creía indispensables, había conseguido del rey la "potestad para disolverla", cosa que hizo y le supuso la protesta de la oposición, pero "el pueblo griego, por el contrario, aprobaba con entusiasmo el acto del presidente. Por otra parte, parece que no quería reconocer el carácter "constituyente" de sus cambios en la Constitución, pero cambiaría "la mayor parte del articulado". El ministro destacó cambios como, por ejemplo, la duración de veinticuatro horas de la prisión provisional, la inamovilidad de los funcionarios o la instrucción universal y obligatoria, ya citado. AHN, H,1604, correspondencia de Grecia, Política, Despachos de 27 de octubre de 1910, de 24 de enero, 9 de febrero y 21 de marzo de 1911. El ministro plenipotenciario en Atenas destacó los cambios en su despacho de 21 de junio de 1911.

la dependencia de los impuestos indirectos, que repercutían sobre todo en los más pobres; saneó el presupuesto del Estado y con el superávit mejoró el equipamiento militar, como había exigido la Liga Militar[10].

Entonces, el cretense intentó completar sus reformas, pero el proceso quedó paralizado por el comienzo de la Gran Guerra…

1.2.3. *Guerras balcánicas (1912-1913)*

En el marco del naciente nacionalismo del siglo XIX las distintas etnias-naciones balcánicas intentaron desalojar a los turcos de los territorios que consideraban suyos. Al tiempo, los imperios austro-húngaro y ruso y las potencias occidentales intentaron influir en la situación en beneficio propio, cuyo principal instrumento fue el Tratado de Berlín de 1878.

A comienzos del siglo XX, griegos, búlgaros y serbios se disputaban el indefinido territorio de la región de Macedonia. Los Jóvenes Turcos tomaban el poder en julio de 1908, que provocó el renacimiento de las disputas entre las potencias y los imperios, y las nacionalidades balcánicas se coaligaron (Liga de los Balcanes: Serbia, Montenegro, Grecia y Bulgaria) contra el Imperio otomano.

Tras la primera gran victoria griega contra el Imperio otomano, batalla de Sarantaporo (9 de octubre 1912), los griegos llegaron a Salónica, 8 de noviembre de 1912, y los búlgaros un día después, pero Salónica ya era griega. Al finalizar el año prácticamente todo el territorio europeo había sido arrebatado a los turcos, pero las potencias intervinieron en el reparto de territorios mediante el Tratado de Londres (30 de mayo de 1912), que adjudicó la isla de Creta a Grecia, pero no respetó los demás territorios ocupados por cada nación durante el conflicto y, por tanto, no satisfizo las aspiraciones de las naciones balcánicas coaligadas.

Bulgaria era ahora más poderosa y había ganado una salida al mar en el Egeo mientras Serbia había perdido la suya y Grecia recelaba del nuevo poder de Bulgaria. Serbia y Grecia firmaron, entonces, un tratado secreto en el que se repartían el territorio de Macedonia, al que no tardaron en unirse Rumanía y Montenegro. Así, Bulgaria quedaba aislada y a finales de junio de 1913 atacó a Serbia y a Grecia. Todas las naciones aliadas entraron en el nuevo conflicto y Bulgaria fue derrotada repetidamente frente a Grecia, sobre todo en las batalla del lago Dorian y Kilkís, junio de 1913, cuyas

---

[10] Seguimos en esto a Clogg, p.85 y Fernández Clemente. p. 35.

tropas mandaba el príncipe heredero Constantino I. Entonces, Bulgaria tuvo que reconocer su derrota y firmar un armisticio, lo que produjo un nuevo reparto de territorios (bajo la supervisión de las potencias, como siempre), que no fue satisfactorio para Bulgaria (Tratado de Bucarest), ni para el Imperio otomano que perdió todo el territorio en Europa salvo la Tracia oriental (Tratado de Constantinopla, 10 de octubre de 1913). Además, se creó Albania como Estado independiente incorporando Epiro norte de población mayoritaria griega (protocolo de Florencia, diciembre de 1913). Durante las guerras, la marina bélica griega dominó el mar (con el acorazado "Averof" y demás naves), así que las islas del Egeo norte oriental se adjudicaron a Grecia *de facto* (con la primera Guerra Balcánica, por ejemplo, liberación de Limnos el 8 de octubre de 1912 y Lesbos el 8 de noviembre de 1912) y *de jure* (tras las Guerras, con la decisión diplomática de las grandes Potencias, el 13 de febrero de 1914). El estallido de la primera Guerra Mundial prácticamente vino a confirmar este *status quo* en la región, creado por las Guerras Balcánicas...

1.2.4. *Guerra greco-turca de 1919*[11]

En el marco de la Gran Guerra y antes de que los países de la Entente llegaran a un acuerdo en la conferencia de paz de París, marzo de 1919, un contingente italiano desembarcó en Altaya, sureste de Asia Menor, que comenzó a avanzar hacia Esmirna, ciudad que Venizelos tenía entre sus objetivos a conseguir.

Gran Bretaña, Francia y Estados Unidos aprobaron el desembarco de soldados griegos en Esmirna y ocuparon la ciudad el 15 de mayo de 1919 con el objetivo de proteger de los turcos a la población griega, lo que no impidió las crueldades de los griegos sobre los turcos antes de la llegada a Esmirna de Arístides Steryiadis, alto comisario griego.

En agosto de 1920 se firmó el Tratado de Sèvres, gran éxito diplomático de Venizelos, que no reconoció Kemal Ataturk, ya jefe de los sublevados turcos y reconocido por algunas potencias (Francia e Italia firmaron tratados secretos con él). Por este tratado de Sèvres, Esmirna y su entorno seguiría administrada por Grecia durante cinco años, al término de los cuales podría ser anexionada a Grecia si el Parlamento local, que estaba previsto crear, así lo pedía y se aprobaba mediante un referéndum. Turquía nunca lo ratificó.

---

[11] Seguimos en este resumen, ampliándolo, a Clogg, R. (1998).

En las elecciones de octubre de ese año, los antivenizelistas ganaron las elecciones y Venizelos no consiguió su escaño. El cretense no supo entender que los griegos estaban hartos de las continuas guerras, de las injerencias británicas y francesas y de las arbitrariedades de algunos de sus colaboradores. En consecuencia, Venizelos se autoexilió.

Los antivenizelistas monárquicos, que ganaron las elecciones enarbolando la crítica a la continuación de las guerras. Faltaron a su palabra y continuaron con la campaña de Asia Menor y mediante un referéndum fraudulento hicieron que regresara a Grecia el rey Constantino I a pesar de la posición contraria de los aliados, que en abril de 1921 se declararon neutrales. El 1 de noviembre de aquel año, Francia firmó con Kemal Ataturk el tratado de Ancora, reconocía de facto su gobierno, le concedió armamento para sus fuerzas en Kilikia y le dejó esa región que, hasta entonces, estaba bajo su administración. En paralelo, ingleses e italianos abandonan gradualmente sus posiciones en Asia Menor.

Aun así, el Gobierno griego antivenizelista y monárquico siguió con su ofensiva camino de Ankara, (verano de 1921), pero sus líneas de abastecimiento quedaron muy alejadas y esa dificultad logística, que no tenía prevista el mando militar afín al Gobierno, que sustituyó al mando venizelista más competente y experimentado, y la ofensiva kemalista provocaron la primera derrota griega en el río Sakarya.

A partir de ese momento la situación del ejército griego comenzó a debilitarse y en aquel verano de 1921 comenzó la ofensiva turca, que se llevó a cabo al año siguiente, agosto de 1922, con la gran derrota del frente griego en Fyonkarahisar (Nikopoli). Esmirna fue evacuada en septiembre y entonces los turcos masacraron a griegos y armenios.

Las consecuencias no se hicieron esperar. Oficiales venizelistas tomaron el poder en Atenas, el rey Constantino abdicó y se inició el juicio a los responsables políticos y militares del Desastre. La Gran Idea había llegado a su fin.

1.2.5. *Intercambio de poblaciones, refugiados, micrasiates, otras minorías y homogeneidad nacional...*

El "acuerdo greco-turco sobre el cambio obligatorio de poblaciones" fue firmado en el marco de las negociaciones en Lausana, 30 de enero de 1923, entre los representantes de los dos países (Venizelos e Inonú), por iniciativa del alto comisario de los refugiados en la Sociedad de Naciones, el gran diplomático noruego Fridtjof Wedel-Jarlsberg Nansen, premiado con el Nobel de la Paz después. Aquel acuerdo constituyó un hito para la vida social y económica de ambos países, sobre todo de Grecia. No hay que olvidar que la llegada de los casi 1.300.000 refugiados (1.221.849, los que quedaban en el país, según el registro más fiable de 1928) significaba un gran aumento de la población de Grecia, que tenía entonces 5.450.000 habitantes y sufría ya los efectos de la emigración de medio millón sobre todo a América, durante las primeras décadas del siglo y de las bajas en las guerras.

Los refugiados constituyeron una comunidad dentro la sociedad griega allí donde fueron situados: en los "nuevos países" (los territorios incorporados a Grecia tras las Guerras Balcánicas, 1912-13) o en la Vieja Grecia. Se autodefinían y se les llamaba *micrasiates*, es decir, los que llegaron del Asia Menor (Μικρά Ασία), los cuales vivían en sus propios barrios, regiones y casas, que, poco a poco iba construyendo solo para ellos el Estado con la ayuda económica (12.300.000 libras esterlinas) y administrativa extranjera, Comisión de Reasentamiento de Refugiados (Επιτροπή Αποκαταστάσεως Προσφύγων / ΕΑΠ / Epitropí Apokatstaseos Prosfigon / EAP), que encabezó el diplomático americano Henry Morgenthau. El venizelismo se esforzó mucho para poder afrontar la "urgencia social", es decir, dar cobijo, asistencia médica y trabajo a los refugiados y, por ello, se pusieron entonces algunas de las bases del nuevo estado moderno: bases urbanas (fueron construidos barrios enteros, llamados según la costumbre con los nombres de los hogares de origen), sanitarias (orfanatos públicos y hospitales públicos), culturales (teatros, ateneos, hogares de clubs deportivos y estadios), así como económicas (fundación de industrias, reparto de tierras, nuevos cultivos, desarrollo del cooperativismo y sindicalismo, etc.).

Lo cierto es que los refugiados no fueron vistos con buenos ojos por parte de los "autóctonos" de los que se distinguían por su elevada cultura e identidad "imperial". Siguieron siendo "el otro particular" en la sociedad neohelénica. La extrema derecha, y no solo, no los vió con buenos ojos y cierta prensa fanática pidió que llevasen en el brazo un signo distintivo de su procedencia. Para evitar los pogromos, algunos de los refugiados llegaron a cambiar sus apellidos "helenizándolos" (quitaron la característica desinencia "glu" o el prefijo "kara"). Hubo también mucha rivalidad (por la distribución de los latifundios y las demás ayudas económicas) entre los refugiados y las demás minorías no griegas del norte, sobre todo con los judíos, que apoyaban por lo general el antivenizelismo. No cabe duda de que, durante la década 1923-33 las fuerzas venizelistas ganaron las elecciones gracias también al voto de los refugiados. Con respecto al antagonismo entre judíos (sefarditas en gran mayoría) y refugiados, lo cierto es que el venizelismo no veía con buenos ojos a los sefardíes a causa de sus iniciativas socialistas y había para ellos centros electorales particulares. Por tanto, no faltaron, sobre todo en Salónica, los enfrentamientos entre los judíos antivenizelistas (y de la izquierda socialista, comunista y sindicalista) con los refugiados venizelistas de centro-izquierda y centro-derecha. En todo caso, los refugiados contribuyeron al desarrollo socioeconómico y cultural de Grecia, porque en su seno vivían algunos de los mejores empresarios, economistas, políticos, intelectuales, escritores, artistas, músicos, deportistas y atletas, periodistas etc. que "marcaron el desarrollo del neohelenismo".

El grado y tiempo de incorporación no fue el mismo para todos: los que habían llegado "solo con su ropa personal" lo tuvieron más difícil que aquellos que, al prever la catástrofe, habían procurado enviar a Grecia parte de su fortuna. Sin embargo, lo cierto es que en su totalidad tardaron, al menos, medio siglo en perder definitivamente su vana esperanza de volver a sus tierras, un sueño que los había acompañado en su exilio desde el primer día de su llegada a Grecia pero desmentido enseguida con el tratado de amistad entre Venizelos y Kemal, que se firmó en octubre de 1930. Además, desde el punto de vista religioso, es significativo que los instalados en los "nuevos países" presionaron para depender directamente del Patriarcado de Constantinopla y no de la Iglesia griega y en algún caso consiguieron su autonomía, en parte o por completo (por ejemplo, la Iglesia de Creta y del Dodecaneso son autónomas al depender del Patriarcado), lo que crea aún "cuestiones cismáticas" entre las dos Iglesias.

Por otra parte, no pasó lo mismo con los refugiados musulmanes griegos, porque al llegar a Turquía no formaron una comunidad distinta, ni hubo un tratamiento particular hacia ellos por parte del Estado turco apenas formado, ya que constituían una cifra mucho más limitada y gestionable y tenían donde vivir: en las casas abandonadas de los cristianos greco-ortodoxos. Tampoco estos refugiados contribuyeron al desarrollo cultural de Turquía (muchos no hablaban turco, sino griego) ni al económico, como pasó con los refugiados *micrasiaticos* en Grecia (cuya mayoría era bilingüe, hablaba griego y turco, o solo el griego y muy pocos solo el turco), mientras que muchos de ellos hablaban con fluidez varias lenguas. En Turquía a los llegados desde Grecia no los llamaban refugiados, sino "cambiados"; "hablar turco" les recomendaba la propaganda kemalista. Algunos de los greco-ortodoxos, los llamados "karamanlides", hablaban solo turco, pero lo escribían con caracteres griegos[12].

1.2.6. *Sustantivo* Μικρασιάτες / Micrasiates

En castellano utilizamos la forma Asia Menor (*Μικρά Ασία* / Mikrá Asía) pero no se ha asentado la forma "μικρά" / "micrá", como en griego para ese topónimo (Fundéu RAE) y, por tanto, no cuenta con un gentilicio. En consecuencia y puesto que en Grecia se utiliza habitualmente el sustantivo *μικρασιάτες* / *micrasiates* para designar a los refugiados del Asia Menor, y el adjetivo *μικρασιατικός-ή* / *micrasiaticós-í*, hemos preferido utilizar el topónimo Asia Menor, pero la transcripción tanto del gentilicio *micrasiates*, como del adjetivo *micrasiaticó-a* y lo hacemos con la grafía "c" para el primer sonido /k/ como, por ejemplo, microbús o microgramo, y como para cualquier adjetivo que en castellano termina en "ico-ica" para el segundo sonido /k/. Ambos términos estarán escritos en letra cursiva, puesto que no existen esas palabras en castellano, aunque estén bien formadas.

1.2.7. *Los neoturcos, las primeras persecuciones y la "cuestión del Asia Menor"*

Alemania, en el marco de su "política colonial en Asia Menor" (*Weltpolitik*), al apoyar a Turquía conseguía consolidar su influencia política, económica, militar y cultural casi en todo el Oriente y también en Grecia. Esta política comenzó en 1867 cuando las primeras misiones alemanas crearon muchas escuelas e iglesias, sobre todo en Constantinopla, continuó con el apoyo del Deutsche Bank al Sultán en 1882, que quitó a los ingleses los derechos de la construcción de la red ferroviaria en Asia Menor y pasaron a empresas alemanas, y también con las obras para la telefonía y el tranvía, que hasta entonces pertenecían a empresas inglesas, belgas y francesas. En las últimas décadas del siglo XIX el Kaiser alemán visitó más veces Estambul y, por otra parte, la mayoría de los oficiales neoturcos habían estudiado en academias militares alemanas.

En 1908, aún en Creta, Venizelos había saludado con entusiasmo el movimiento reformador de los Jóvenes Turcos (neoturcos) porque en julio desde Monastir y otras ciudades de Macedonia habían reivindicado la

---

[12] De la vasta bibliografía, v. Yasim Bedlec (2022), Rizás (2023).

Constitución y el Sultán se vio obligado a poner en vigor la Constitución del 1876 y proclamar enseguida elecciones, un "segundo periodo constitucional otomano", 1908-1918[13], y en ellas fueron elegidos 24 diputados greco-otomanos sobre un total de 288 (entre ellos el historiador y profesor en la Universidad de Atenas, Pavlos Karolidis y el diputado Aristidis Georgatzoglu fue ministro de Bosques y Minas)[14]. Hasta el 1913 los diputados griegos constituyeron un equipo con bastante impacto y mucho menos después, hasta 1918, 13 diputados. Y durante más de un año el comité neoturco Unión y Desarrollo (*Ittihat ve Terakki*), que dominaba en la escena política, garantizó los derechos de las comunidades no musulmanas y, además, confió algún ministerio a diputados griegos y armenios.

Entonces, el cretense compartía el optimismo general. El diario *Patrís*, 24 de julio de 1908, después su portavoz periodístico en Grecia, publicó una litografía con los retratos de Jorge I y el sultán bajo el título "los dos jefes de Anatolia"[15]. Venizelos añadió su opinión favorable y escribió que el movimiento neoturco "era capaz de salvar no solo el Estado turco, sino también el helenismo de la disolución y la catástrofe" porque "el helenismo al ser una fuerza no conquistadora, sino una fuerza de aculturación, podría llevar a cabo su misión cultural desde el momento en que los griegos hubiesen podido vivir pacíficamente en la nueva Turquía en el seno de un estado constitucional libre y estable, que garantizara la igualdad entre todos los pueblos otomanos"[16]. Ni el cretense, que hasta el 1910, por lo menos, defendía una tesis de contenido "heleno-otomano", muy parecida a la de Ion Dragumis y Azanasios Suliotis ni estos dos grandes ideólogos de la Organización de Constantinopla, formada entonces y después por máximos adversarios de Venizelos, que defendían el "renacimiento de un gran Estado de Anatolia en el que el helenismo sería su principal expresión intelectual, material y social" y Constantinopla como centro de la "grecidad" (*romiosini*), es decir, un idealismo *in extremis* que sostenía la restauración del Imperio bizantino con la reconquista de su capital histórica, la Constantinopla de los Paleólogos, que Venizelos consideraba ideas "ingenuas y

---

[13] En los siguientes párrafos se hace referencia al periodo preconstitucional o primer periodo constitucional, 1876-1878.
[14] Los demás diputados: 147 turcos, 60 árabes, 27 albaneses, 14 armenios, 10 eslavos y 3 judíos. Para estos párrafos, cfr, Rizas-Boura (2023).
[15] Rizas-Boura (2023).
[16] Svolópoulos (2009), p.13.

utópicas", hizo caso de la advertencia del sabio patriarca Joaquim III, quien, a propósito de aquella coyuntura, profetizó consecuencias catastróficas para el helenismo otomano[17].

El movimiento neoturco, "reformador" al principio, influyó en el golpe militar "reformador" de Gudí, que llevó al cretense al poder[18]. La orientación ideológica del precursor de los neoturcos era el movimiento reformador neootomano de mediados XIX, cuyas raíces estaban en la "época preconstitucional e ilustrada de reformas (*tanzimat*)" y la Constitución del 1876, que favorecía la coexistencia pacífica entre todos, pueblos y religiones en el Imperio otomano, e intelectuales y políticos no musulmanes, griegos y armenios, sobre todo, tenían importantes puestos en el Imperio. Así, tras la guerra de Crimea (1853-1856) y la cadena de congresos posteriores la Sublime Puerta volvió a reconocer la libertad religiosa de todos los súbditos del Imperio, sin cuestionar lo "ecuménico" del Patriarca de Constantinopla (ya que podía reforzar lo "europeo" del Sultán). Además, durante el bienio 1877-78, funcionó un Congreso Otomano, con la presencia de unos 20 diputados greco-otomanos, pero el sultán Abdul Hamit prefirió gobernar sin Congreso y lo hizo con cierto autoritarismo hasta 1908, aunque siguió confiando algunos de los máximos cargos del poder a griegos (neofanariotas) y armenios (ministros, embajadores, traductores)[19]. Era una vuelta al primer "regreso-renacimiento" del helenismo en Asia Menor que tuvo lugar en el s. XVIII con la llegada de muchos comerciantes griegos y grecófonos de la Grecia continental y del refuerzo de los lazos económicos, durante la segunda mitad del siglo XIX, aunque aún no políticos, con Asia Menor cuando muchos comerciantes, empresarios, armadores y banqueros griegos se instalaron allí, sobre todo en Esmirna y su periferia, y se habló, con exageración quizá, de un proceso de "neohelenización" con gradual aumento de las comunidades greco-ortodoxas (*Millet-i rum)* de ahí la palabra *romiós* (ρωμιός), el griego del Imperio Otomano.[20]

---

[17] Para la documentación aquí, Rizas-Boura (2023).

[18] V. en Anexo, "Venizelos: de Creta a Atenas (Gudí)".

[19] Es cierto que el Imperio otomano fue más tolerante hacia sus comunidades no musulmanas (*Millet-i rum)*, que los imperios cristianos occidentales, ya que a lo largo del siglo XIX disminuyeron algunas de las antiguas medidas de represión muy duras, como por ejemplo el rapto de niños y su forzosa islamización e integración en la guardia de genízaros. V. Rizas-Boura (2023) con su bibliografía seleccionada.

[20] *Millet-i rum* era una organización que comprendía, por extensión, las comunidades de todos los ortodoxos de Turquía, excepto los búlgaros. Desde el punto de vista social,

En abril del 1909, el comité neoturco se enfrentó a un golpe de estado militar del antiguo régimen. Reaccionó, destronó a Abdul Hamit y entronizó a su hermano Mehmet Rnesat. Con él comenzó un cambio gradual con los *Millet:* ilegalizó sus organizaciones, inspeccionó con dureza sus escuelas, impidió el comercio marítimo griego y greco-otomano desde los principales puertos del Imperio y el Patriarcado Ortodoxo de todas sus jurisdicciones salvo las espirituales. Cambio que se agudizó tras las derrotas turco-otomanas en la guerra con Italia de 1911 y las Guerras Balcánicas (1912-13), en las que el Imperio perdió muchos territorios. Así en el marco del movimiento, la tendencia más nacionalista se impuso sobre la más liberal.

Así, el movimiento pasó de ser un movimiento otomano a un movimiento turco "castizo", nacionalista y conservador, que "resultaría catastrófico", apostilló Venizelos en 1913, rectificando su anterior valoración. La situación también empeoró por las persecuciones de musulmanes durante las Guerras Balcánicas y los neoturcos lanzaron sus primeras amenazas de persecución hacia los griegos otomanos, acusándolos de traidores al Estado turco-otomano y enseguida les persiguieron[21]. Entre las guerras balcánicas y hasta las vísperas de la Guerra Mundial, cerca de 180.000 griegos del Asia Menor occidental y la Tracia oriental se vieron obligados a refugiarse en Grecia (Quíos, Lesbos y Salónica, sobre todo), mientras que, por otra parte, cerca de 69.000 musulmanes se vieron obligados a abandonar sus hogares de los lugares del Imperio turcootomano que conquistó Grecia en las dos Guerras Balcánicas[22].

Finalmente, el comité neoturco Unión y Desarrollo exilió a la oposición liberal del partido Libertad y Acuerdo y tras un golpe, el 10/23 de enero de 1913, impuso prácticamente un régimen autoritario, en medio aún de la Primera Guerra Balcánica, que es conocido históricamente como "incursión a la Sublime Puerta", y constituyó un regreso, no tanto al Imperio otomano

---

eclesiástico y legislativo, la administración de estas comunidades correspondía al Patriarca, autoridad reconocida por el Imperio otomano.

[21] Es interesante observar que ciertos historiadores fiables de la época (como Toynbee) tienen tendencia a usar ya, bastante antes de la fundación por Kemal Ataturk del nuevo Estado turco (1923), casi como sinónimos los términos Imperio otomano, Imperio turco y, aún, Turquía. Estos párrafos resultan de una lectura comparada de: Svolopoulos (2009), Veremis (2007), Arsel (2014), Bedlek (2022) y Toynbee (1922, ed. griega 2003).

[22] Los territorios conquistados por Grecia definidos como "Nuevos Países" (*Νέες χώρες* / nees jores) correspondían, por lo general, al amplio territorio que se llamaba "Rímeili" y sus habitantes "rumeliotes". Estas cifras las ofrece Toynbee (1922, ed. griega 2003), p. 162. Sobre el párrafo en general, cfr, Veremis (2007) y Bedlek (2022).

como al Imperio turcootomano, como empezará a llamarse, hacia el modelo de homogeneidad nacional, a pesar de que en las elecciones de finales de aquel año fueron elegidos unos 13 diputados griegos, que como los demás minoritarios no tuvieron mucho margen de acción. Quedó muy lejos aquel 11 de julio de 1908 cuando los neoturcos, en la plaza de la Libertad en Salónica, pronunciaron en 11 lenguas distintas su "manifiesto de igualdad, justicia y libertad[23]. Quedó como única opción, el "panturquismo" con el lema "una nación, una educación, una lengua", y con esa base se formaron la nación y el Estado turco moderno, en 1923, bajo el liderazgo de Kemal Ataturk tras su victoria en la guerra greco-turca (1919-22)[24].

La persecución contra los griegos continuó sin cesar hasta el final de la Primera Guerra Mundial en 1918. Entonces, tras la derrota de los imperios centrales, el otomano incluido, el comité neoturco abandonó el poder y el país, y la oposición liberal asumió la gobernación del Imperio moribundo[25].

Pero en el calendario histórico quedó señalada una fecha negra: el 14 de mayo de 1914 cuando se ordenó una impresionante persecución desde el punto de vista del número y de la manera. Entonces, Alemania, que veía un obstáculo para su política en el poder económico griego y armenio en la región, consiguió que los neoturcos entregaran la jefatura de las fuerzas armadas otomanas al general del ejército alemán Otto Viktor Karl Liman von Sanders[26], que también sirvió como asesor militar en el Imperio otomano durante la Primera Guerra Mundial, y en este ambiente, se ordenó la expulsión de griegos y armenios del Asia Menor: más de 200.000 griegos sobre todo de Pérgamo, Focea y Eritrea fueron expulsados a Grecia y otros al interior del Asia Menor, donde había comunidades griegas (que a su vez fueron expulsadas definitivamente en 1922). Además, antes debieron firmar una declaración diciendo que abandonaban sus casas por propia voluntad. Asimismo, más de 150.000 fueron masacrados o llevados a campos de trabajo forzado, los llamados "campos de muerte lenta", que continuaron existiendo hasta después de la catástrofe de 1922, y fueron "idealizados" por los alemanes, una anticipación de los futuros campos de concentración nazis. Muchos otros huyeron hacia el norte, a la región del Pontos, URSS, (muchos de

---

[23] En la misma plaza y fecha tuvo lugar en 1943 la reunión y la expulsión de los judíos de la ciudad para llevarlos hacia los campos de concentración nazis.
[24] Bedlek (2022), pp. 50 y 196.
[25] Sobre lo que ocurrió después del final de la primera Guerra Mundial, v. cap.3.
[26] Otto Liman von Sanders (Stolp, Reino de Prusia; 17 de febrero de 1855-Múnich, 22 de agosto de 1929).

ellos serían expulsados después, una primera vez en 1919, como consecuencia de la expedición griega a Odesa y, definitivamente, en 1939 tras las limpiezas de Stalin)[27], mientras que otros, los más afortunados, sobre todo los que trabajaban en empresas extranjeras, fueron echados de su trabajo, sustituidos por musulmanes y luego, se convirtieron al islam para poder evitar lo peor. Por otra parte, en el bienio 1914-15, unos 54.000 musulmanes fueron expulsados de sus hogares en la Grecia continental (durante todo el periodo 1912-1920, la cifra total alcanzó los 143.189)[28].

Aquellas expulsiones de los griegos de Asia Menor entre el 1912 y 1914, fueron el primer eslabón de la cadena de expulsiones que culminó en 1923. Es el llamado genocidio de los griegos del Pontos, que se desarrolló en paralelo al genocidio de otros cristianos, el de los armenios sobre todo y los asirios. Así, Grecia "descubría de verdad y de manera trágica" el Asia Menor, llamada también, de forma más abstracta, "Anatolia", Levante, que hasta entonces no se incluía en el programa de la Gran Idea, incluso en su expresión más extremista, la que sostenía la restauración del Imperio Bizantino con la reconquista de su capital histórica, la Constantinopla de los Paleólogos. Lo confirmó el general filomonárquico Ioannis Metaxás, el futuro dictador, entonces entre los jefes de las fuerzas armadas, quien destacó que como "hasta el 1915 el Estado griego no tenía ninguna política en Asia Menor, no debía tampoco tenerla ahora"; así que, finalmente, Metaxás consiguió convencer al rey y cambiar su idea sobre la intervención de Grecia en la batalla de los Dardanelos y, por consiguiente, en la Gran Guerra, según aconsejaba Venizelos, primer ministro[29].

Para Venizelos la cuestión se volvió muy urgente desde el momento en que se redactó el acuerdo de intercambio de poblaciones entre los dos países. Acuerdo que él mismo propuso a la Sublime Puerta, tras la intervención de

---

[27] Cfr. I. Hassiotis (2015) y cap. 4. Hay también un gran testimonio literario al respecto de aquellos campos de concentración, que se formaron tras la catástrofe de 1922, v. Venezis (2006, traducción española).

[28] Toynbee (1922, ed. griega 2003), p. 162 (53.718 por precisión). Con respecto a los musulmanes exiliados de Grecia. Para Toynbee, las Guerras Balcánicas afectaron por igual a musulmanes de Grecia y griegos del Asia Menor y Tracia, donde gradualmente se agudizó un sentimiento de venganza de unos contra otros. Pero lo cierto es, que durante este periodo 1912-1920, como se destaca a continuación, quienes pueden hablar de genocidio son, sin duda, los griegos y los armenios.

[29] Sobre la batalla de los Dardanelos Metaxás tenía reservas muy fundadas y también sobre la expansión griega al Asia Menor. Para la documentación del párrafo, cfr. Arsel (2014), pp. 479-486.

Turquía en la Gran Guerra con las fuerzas centrales, a finales de octubre de 1914. Aquella propuesta del cretense, insólita y radical, "nada humana pero tan necesaria como inevitable" y a la vez favorable para una buena comprensión recíproca entre los dos países, se la planteó al Gobierno otomano con una nota verbal (24 de junio / 7 julio de 1914), quien la aceptó casi inmediatamente con su nota de 8/21 de julio, con la condición de que el intercambio de las poblaciones no fuera obligatorio. Ambos gobiernos daban a sus poblaciones afectadas por las guerras el tiempo necesario para llevar o vender a precio justo sus bienes muebles y trasladarse a territorios del otro país, que se situarían en las propriedades abandonadas por las poblaciones exiliadas. El cálculo del valor de estos bienes correspondería a comisiones mixtas de ambos países, así como de otros países neutrales[30].

En todo caso, según la historiografía de la época, "esta medida, en cuanto tal, constituye un precedente, al que se debe dar mayor la atención"[31]. Por un siniestro juego de la historia, aquella medida, aunque no concluida entonces, constituyó después (1923), el precedente del intercambio de poblaciones tras la catástrofe en Asia Menor y el acuerdo de Lausana. Muchos pensadores coetáneos dieron la razón al cretense: había entendido bien que se vivía en una nueva época de movimiento y redefinición-reclasificación de poblaciones y naciones y, por tanto, actuaba con moderación. Pero la coyuntura que siguió no favoreció la moderación, porque, según la opinión de los contemporáneos, "todo tipo de convivencia entre musulmanes y cristianos y entre turcos, griegos y los 'otros', muchos, pueblos del Imperio otomano, constituía ya una hipótesis perdida"[32]. Por tanto, en aquel momento, parecía más justa y justificada la prioridad de salvación de los griegos del Asia Menor y, por consiguiente, su insistencia para que Grecia interviniera en la Gran Guerra con sus aliados de siempre. Menos justa, aunque no menos justificada, parecía la tesis antivenizelista, de que Grecia no debía arriesgarse a una "aventura en el Asia Menor tan incierta", como sostenía Metaxás[33].

---

[30] En el cap. 3.2.2., v. otro intercambio recíproco que propuso Venizelos a Bulgaria. La frase citada anteriormente en el texto (sobre "la inhumana y necesaria solución del cambio de poblaciones" se le atribuye a Venizelos durante las negociaciones de Lausana. V. Rizas, (2023).

[31] Cfr., Toynbee, (1922, ed. griega, 2003), p. 165.

[32] Arsel (2014), p. 482.

[33] Para este párrafo y para la historiografía de la época, cfr. Toynbee (1922, ed. Griega, 2003), p. 162-171, para la historiografía posterior v. en general, Svolopoulos (2009), Veremis (2007), Arsel (2014), Bedlek (2022).

1.2.8. *Prensa de la época*

Los diarios venizelistas que se convirtieron en antivenizelistas fueron: *Χρόνος* (*Jronos* - Tiempo), venizelista hasta 1912, cuyo director Kostís Jerópulos, antiguo amigo íntimo de Venizelos después fue su gran enemigo, le tachaba de traidor; *Αι Αθήναι* (*E Athine* - Las Atenas), cuyo director era Georgios Pop, también antiguo e íntimo colaborador de Venizelos y después en las filas del antivenizelismo (el lector lo encontrará interviniendo varias veces en los debates), redactó algunos de sus artículos de opinión por orden del general Ioannis Metaxás (el posterior dictador, como se ha dicho); *Νέα Ημέρα* (*Nea Imera* - Nuevo Día), que poco después de estas sesiones parlamentarias, a las que ya hemos hecho referencia, falsificó algún informe de Venizelos en un intento de sostener la propaganda antivenizelista. Venizelos obviamente se refería a estos diarios y no a los demás, clara y diacrónicamente, antivenizelistas *(Εμπρός* - *Embrós* - Adelante y el en un principio satírico *Σκριπ* – *Skrip*).

Poco después, a lo largo del cisma nacional, vieron la luz algunos diarios históricos, bien como venizelistas: (*Ελεύθερον Βήμα* - *Eléfceron Vima* - Tribuna Libre y *Έθνος* – *Ethnos* - Nación, por ejemplo) o como antivenizelistas: (*Η Καθημερινή* – *Kathimeriní* - Diario y *Πρωία* – *Proia* - De Día, por ejemplo), mientras que a la larga otros titulares históricos (*Ακρόπολις* - Acrópolis y *Εστία* – Hestia - Hogar, por ejemplo) pasaron del provenizelismo al antivenizelismo. Incluso hubo algún editor provenizelista, como Andreas Kavafakis del diario *Ελεύθερος Τύπος* - (*Eléftheros Tipos* - Prensa Libre), que fue asesinado, poco después, en febrero de 1922, un crimen sin resolver ...

1.2.9. *Forma del Estado griego*

En griego existen los términos "República con rey" (*Βασιλευομένη Δημοκρατία* / Vasilevomeni Dimokratía) y Monarquía Constitucional (*Συνταγματική Μοναρχία* / Sintagmatikí Monarjía), la forma del Estado que existió en gran parte de la historia contemporánea griega, pero a partir del 1975 hay una "República presidencial" (*Προεδρευομένη Δημοκρατία* / Proedrevomeni Dimokratía). Con el fin de que el lector pueda formarse opinión propia al respecto, copiamos y traducimos dos artículos de la Constitución de 1911, relativos al caso.

Artículo 31.- El Rey nombra y cesa a sus ministros.

Artículo 32. – El Rey es el soberano máximo del Estado, jefe de las fuerzas terrestres y marítimas, declara la guerra, acuerda tratados de paz, alianza y comercio, los anuncia al Parlamento después de las declaraciones necesarias, si el interés y la seguridad del Estado lo permiten. Sin embargo, los tratados comerciales, así como aquellos que comprenden concesiones, acerca de las cuales no hay previsión en base a otras cláusulas de la Constitución o gravan individualmente sobre los griegos, no pueden tener validez sin la aprobación del Parlamento[34].

1.2.10. *La "España sin pulso" antes y ante la Gran Guerra*

Ante la Gran Guerra, en España, la clase política, la sociedad, los intelectuales y la prensa quedaron divididas. División que encontraba sus raíces mucho antes. Según Francisco Silvela España estaba "sin pulso" por varias razones y entre las que citaba:

1. La incapacidad de la monarquía para convertirse en un sistema de poder moderno y homologable con Europa[35].

---

[34] Artículo 31.- Ο Βασιλεύς διορίζει και παύει τους Υπουργούς αυτού.Αρτίculo 32.-Ο Βασιλεύς είναι ο ανώτατος άρχων του Κράτους, άρχει των κατά ξηράν και θάλασσαν δυνάμεων, κηρύττει πόλεμον, συνομολογεί συνθήκας ειρήνης, συμμαχίας και εμπορίας, ανακοινώνει δ᾽ αυτάς εις την Βουλήν μετά των αναγκαίων διασαφήσεων, άμα το συμφέρον και η ασφάλεια του Κράτους το επιτρέψωσιν. Αι περί εμπορίας όμως συνθήκαι και όσαι άλλαι περιέχουσι παραχωρήσεις, περί των οποίων κατ᾽ άλλας διατάξεις του Συντάγματος δεν δύναται να ορισθή τι άνευ νόμου, ή επιβαρύνουσιν ατομικώς τους Έλληνας, δεν έχουσιν ισχύν άνευ της συγκαταθέσεως της Βουλής.

[35] Cuando el rey Alfonso XIII fue proclamado rey, tenía una imagen realista de la situación de España y de cuál podía ser su futuro si no acertaba a encontrar el camino adecuado, como muestra su diario: "En este año me encargaré de las riendas del Estado, [...] yo me encuentro el país quebrantado por nuestras pasadas guerras, que anhela por un alguien que lo saque de esa situación. La reforma social a favor de las clases necesitadas, el ejército con una organización atrasada a los adelantos modernos, la marina sin barcos, la bandera ultrajada, los gobernadores y alcaldes que no cumplen las leyes, etc. En fin, todos los servicios desorganizados y mal atendidos. Yo puedo ser un rey que se llene de gloria regenerando a la patria, cuyo nombre pase a la Historia como recuerdo imperecedero de su reinado, pero también puedo ser un rey que no gobierne, que sea gobernado por sus ministros y por fin puesto en la frontera". Diario personal Alfonso XIII (1902), en: Carlos Seco Serrano: "La España de Alfonso XIII", Cuadernos de Historia 16, núm. 98, Madrid, 1985. Quizá por esto actuó al límite del papel que le otorgaba la Constitución, como cuando con su actitud favoreció la creación de las Juntas de Defensa, que Maura calificó de "engendro monstruoso de añeja depravación instalada en las cumbres" (Pabón, (1999), p. 426.), que terminaron por asumir, junto al rey, problemas que correspondían al poder civil como la cuestión catalana, la cuestión obrera y la cuestión de la guerra de Marruecos (ver. Serrano Saénz de Tejada, (2013).

2. La inestabilidad del régimen político de la Restauración, que funcionó con normalidad durante la regencia de la reina María Cristina, el dúo Cánovas-Sagasta y la alternancia de conservadores y liberales, incluso con sus grandes déficits democráticos, pero cambió la situación con el nuevo siglo[36].

3. En 1913 los partidos Conservador y Liberal entraron en un proceso de enfrentamiento interno entre sus líderes, de autodestrucción de las personalidades políticas y de los propios partidos[37].

4. Al tiempo, los partidos republicanos, que en esos años conseguían alrededor del 10% de los sufragios, buscaban la democratización del sistema[38].

5. El comercio exterior pasó de un saldo negativo de más de 100 millones de pesetas a uno positivo de más de 200 millones. La minería, la metalurgia, el textil, el transporte y otros multiplicaron sus cifras de negocio, pero los grandes beneficios no llegaron a los trabajadores[39].

---

[36] Entre 1897 y 1913 fallecieron Cánovas en un atentado, Castelar, Martínez Campos, Sagasta, Silvela, Romero Robledo y Segismundo Moret; y nuevos políticos accedieron al poder: Maura, Canalejas, Dato y Pablo Iglesias nacidos en los años cincuenta, de La Cierva, Vázquez de Mella y Lerroux en los sesenta, y Primo de Rivera, Alba y Cambó en los setenta. Además, Alfonso XIII cumplió 16 años en mayo de 1902, asumió la Corona y era más joven que todos ellos. A Cánovas le sustituyó Francisco Silvela y después Antonio Maura; y a Sagasta le sucedió Montero Ríos y le disputó el liderazgo Segismundo Moret, aunque la personalidad más importante fue José Canalejas. Así, el dúo Maura y Canalejas parecía poder mantener el funcionamiento del sistema como lo hicieron Cánovas y Sagasta. Conservadores y liberales conservaron los privilegios de la nobleza y el clero.

[37] En el partido conservador Maura estuvo enfrentado a Eduardo Dato y en el liberal, tras el asesinato de Canalejas, noviembre de 1912, rivalizaron Álvaro Figueroa y Torres, conde de Romanones, y García Prieto. La reafirmación de los parlamentarios frente al Gobierno y las preferencias del rey por Dato y Romanones propiciaron gobiernos inestables y con poco apoyo. Entre 1902, comienzo del reinado de Alfonso XIII, y 1920 hubo casi una treintena de gobiernos.

[38] Los partidos regionalistas y nacionalistas buscaban el reconocimiento de la singularidad del territorio, que consideraban suyo, y compartir el poder poniendo en entredicho el Estado centralizado. El socialismo democrático, también republicano, que comenzó su andadura en 1879 con la fundación del Partido Democrático Socialista Obrero Español, base del futuro PSOE, consiguió su primer escaño en el Congreso de los Diputados para Pablo Iglesias en 1910 tras el pacto con los republicanos, se oponía a las posiciones colonialistas en Marruecos, defendía las libertades públicas y los derechos sociales de los trabajadores. Y aún hay que mencionar a los grupos tradicionalistas e integristas de carácter rural, que se posicionaban fuera de las corrientes políticas del momento histórico, y el anarco sindicalismo.

[39] La mejora de sus salarios se vio absorbida por la inflación y los impuestos lo que provocó protestas y manifestaciones dirigidas por los sindicatos de clase, que culminaron en la

6. El analfabetismo y el enorme poder de la Iglesia en la educación. A comienzos de siglo entre un 40 y 50% de los españoles eran analfabetos. Los cambios empezaron con la creación de la Institución Libre de Enseñanza en 1876, la creación del Ministerio de Instrucción Pública en 1900 (los maestros pasaron a ser funcionarios del Estado) y la fundación de la Junta de Ampliación de Estudios en 1907. Como consecuencia, la Iglesia, que mantenía el monopolio de la educación, comenzó, aunque lentamente, a perder influencia.

7. La necesidad de modernizar un Ejército humillado por la derrota de 1898 y la pérdida de las colonias, calificada de "Desastre", sumió al país en un proceso de autodiagnóstico y dio paso al "regeneracionismo". Un Ejército criticado por los partidos de la oposición y dividido entre los oficiales "peninsulares", que protestaban por los rápidos y, a veces, inmerecidos ascensos de los "africanistas", origen de la creación de las Juntas de Defensa.

8. La protesta de unos setenta diputados y senadores de la Lliga Regionalista, republicanos, socialistas e incluso algún liberal que constituyeron en Barcelona la Asamblea Nacional de Parlamentarios, que pidió un cambio de gobierno y la convocatoria de Cortes Constituyentes. Y, finalmente, el problema de Marruecos originado en la sublevación de las tribus del norte contra la ocupación colonial española principalmente, concretada en varios tratados que se iniciaron en 1907[40].

La sociedad española vivió el desarrollo de la guerra con interés y todos los grupos sociales e instituciones se dividieron entre aliadófilos y germanófilos. La Casa Real no fue ajena a esta división porque la reina madre, María Cristina, era austriaca y la esposa de Alfonso XIII, Victoria Eugenia, era británica.

Los neutralistas argumentaban que "la intervención era contraria a los intereses nacionales; ni ética ni políticamente podía comprometerse a la totalidad del país haciéndolo beligerante contra la voluntad de la mayoría del pueblo"[41]. En palabras de Maura: España "ni podía, ni quería, ni debía ir a la guerra". Seguía pesando el desastre del 98 y España no estaba preparada ni

---

Semana Trágica de Barcelona de 1909 y la huelga general de 1917.

[40] Los problemas los enumera Álvarez Junco, (2022), pp. 68-69 y los desarrolla en las páginas siguientes. Sobre el regeneracionismo y otros de sus representantes pp. 72-73.

[41] *La Época*, 1 de agosto de 1914. Tomado de Revista Abril, Nº78. Barreiro, C.: "La prensa española ante la primera Guerra Mundial".

tenía recursos para entrar en la guerra. Pero los intervencionistas fueran aliadófilos o germanófilos también argumentaban sus razones.

Los aliadófilos, encabezados políticamente por Romanones, se manifestaban a favor de la Entente por razones económicas y geográficas y porque ganara quien ganara nada tendría que agradecer a la neutralidad española porque hay "neutralidades que matan"[42]. Pero una vez que llegó a la presidencia del Gobierno mantuvo la neutralidad y apoyándose en que los valores de su crédito estaban solicitados, que la peseta en relación con el franco y otras monedas tenía ventaja y en que cuando llegara la paz, España podría afrontarla con tranquilidad, porque sus energías no se habrían malgastado[43].

Los germanófilos veían en Alemania y en Austria-Hungría el orden y la autoridad tradicional, mientras que los partidarios de la Entente pedían unirse a los países occidentales, aunque hubiera que olvidar la soberanía sobre Tánger y Gibraltar, que afectaban a Francia e Inglaterra, respectivamente.

La prensa también se dividió. El 7 de agosto de 1914 la *Gaceta de Madrid* publicó el real decreto por el que el gobierno de Eduardo Dato posicionaba a España como neutral ante la Primera Guerra Mundial y el diario *La Época*, que apoyó la política de Dato, publicó el 1 de agosto, un editorial bajo el título "Neutrales":

> "La posición de los neutrales no es tan sencilla ni tan fácil de mantener como pudiera creerse a primera vista, sobre todo cuando los neutrales no disponen de grandes medios militares y navales. Hace falta una gran vigilancia, una exquisita prudencia, y sobre todo, una gran sinceridad y una firme resolución. Con esto, si llega el caso, habrá que ir sorteando todas las dificultades. Preparado para ello, y completamente resuelto a proceder así, se encuentra el gobierno; pero hace falta que la opinión le secunde y le ayude"[44].

---

[42] Algo similar opinaba Venizelos respecto de Grecia.

[43] Intervención del presidente del Gobierno, conde de Romanones. Congreso de los Diputados. Diario de Sesiones, 1 de julio de 1916, Núm. 41, p. 1044. Los diputados tuvieron posiciones diversas. Por ejemplo, Cambó describió los posibles problemas para España si mantenía la neutralidad, Domingo describió los posibles problemas económicos venideros tras la guerra y Barcia se mostró partidario de la neutralidad. Congreso de los Diputados, Diario de Sesiones, Núm. 23, 8 de junio, p 461; Núm. 24, 9 de junio, p. 492 y Núm. 41, 1 de julio, p.1044, respectivamente.

[44] *La Época* (1 agosto 1914). Sólo un día después en un editorial titulado "Interés de todos" decía: " (...) la neutralidad no consiste (...) en cruzarse de brazos y en taponarse los oídos; el gobierno lo sabe perfectamente y como consecuencia de ello se ocupa en estos momentos en preparar todas aquellas medidas que exige el interés público, para aplicarlas en el instante

La mayoría de la prensa escrita puso sus páginas al servicio de los intereses que estimaban convenientes y dedicaron artículos, editoriales y caricaturas a propagar la visión que les parecía correcta, fueron medios de propaganda "contendientes" en esta guerra, que suscitó el interés y encrespó los ánimos de columnistas, articulistas, escritores e intelectuales de primera línea.

Los intelectuales de la época de las generaciones del 98 y el 14, también se alinearon como aliadófilos o germanófilos. Unamuno y Ortega y Gasset fueron clave en el establecimiento de puentes entre ellas. Para todos ellos, con la participación en la guerra, estaba en juego el futuro, que podía materializarse en una monarquía parlamentaria, una república o una monarquía autoritaria. Ello dio origen a publicaciones (enumeradas en el texto de la cita posterior), donde intelectuales y escritores expusieron sus argumentos. Los aliadófilos publicaron el 9 de julio de 1915 el "Manifiesto de adhesión a las naciones aliadas", en el semanario *España*, y los germanófilos respondieron con el manifiesto "Amistad hispano-germana" publicado en *La Tribuna* el 18 de diciembre del mismo año[45].

Juan Vázquez de Mella ejerció gran influencia en el grupo de germanófilos. Para él la guerra era básicamente un conflicto entre Alemania e Inglaterra, y los intereses de Alemania eran compatibles con los de España, que necesitaba, según él, marginar a Inglaterra para conseguir la unión con Portugal mediante una federación, la reconquista de Gibraltar y reorientar su política internacional para construir unos Estados Unidos de América del Sur amparados en el panhispanismo.

Ortega y Gasset a través de la Liga de Educación Política, su órgano de prensa, diagnosticó que la Restauración encarnaba la vieja España y cerraba el paso a las ideas de renovación, y que la mano del liberalismo dirigido por una generación de intelectuales y de la vinculación de España a Europa sacaría a España de su decaimiento[46].

---

crítico; esto es, tan pronto como oficialmente se confirmen las gravísimas noticias que circulan, pero que hasta ahora no pueden considerar, sino como rumores más o menos autorizados". Tomado de Barreiro, C.: "La prensa española ante la primera Guerra Mundial". Revista *Arbil* nº 78. En <https://www.arbil.org/(78)cris.htm#_ftn10> 2020.

[45] Fuentes Codera, M.: Curso 2013-2014. pp. 13-15. En ellas también hay un listado de las personalidades que firmaron los manifiestos. Sobre el pensamiento de Unamuno, Ortega y Ganivet ver Álvarez Junco, (2022), pp. 73-80.

[46] Ibid. p. 10. En España, como en Grecia, había una lucha entre la vieja y la nueva política. Sobre esta cuestión v. "Vieja y nueva política", Ortega y Gasset, J. Madrid, *Revista de Occidente*, 1928.

1.2.11. Índice del libro de Venizelos: *Grecia ante la guerra europea*

-Frases de sir Edward Grey la primera, segunda de Venizelos y tercera de Von Jagow.

-Introducción de Vicente Clavel bajo el título "E. Venizelos" (pp. 1-20), datado en marzo de 1916.

-Prólogo de Venizelos donde se defiende y defiende su política (pp. 21-23).

-Capítulo I. *Lo que le dije al rey Constantino XII* (pp. 25-39).

-Capítulo II. *Mis campañas parlamentarias*

Sesión del 21 de septiembre / 4 de octubre de 1915 (pp. 41-102).

PRIMER DISCURSO (pp. 41-69). Subtítulos:

La cuestión de las concesiones

G. Pop pide la palabra

La movilización búlgara

El tratado greco-serbio

El respeto a las convenciones

El equilibrio balcánico

La prensa vendida

Los aliados en Salónica

SEGUNDO DISCURSO (pp. 69-74). Subtítulos:

La situación de Grecia entre los dos grupos de Potencias

TERCER DISCURSO (pp. 74-102). Subtítulos:

Las peticiones de la ENTENTE

El sentido del tratado greco-serbio

El objetivo de la movilización

El peligro de la agresión búlgara

La sanción del pueblo griego

La actitud de la prensa

El terror electoral bajo el gobierno de Gounaris

Afrontar el peligro es evitarlo

Sesión del 28 de septiembre / 11 de octubre de 1915 (pp. 105-121). Subtítulos:

La guerra conBulgaria

La guerra en Europa

El socorro a Serbia

El peligro de la Gran Bulgaria

Indecisión en la política del gobierno

Los beneficios podrían sernos concedidos por la vía normal

Sesión del 21 de octubre / 3 de noviembre de 1915 (pp. 122-193).

PRIMER DISCURSO (pp. 122-139). Subtítulos:

La mayoría colabora con el gobierno sin aprobar su política

La guerra con Bulgaria es inevitable

La oposición sistemática no tiene razón de ser

SEGUNDO DISCURSO (pp. 139-193). Subtítulos:

La política del mes de febrero

La participación de Grecia en los Dardanelos

Los Dardanelos hubieran sido forzados. La acción desde el punto de vista político

El sentido del voto del 31 de marzo

Política de expansión, no de concesiones. La cuestión política. —Política y diplomacia

Nosotros estaríamos en Sofía. La neutralidad armada. —La guerra solo se ha retrasado

Alemania sucumbirá

Yo no he sido nunca antiparlamentario

La política de 1912. La solución del problema psicológico. —Del Nestos al Meandro

La política de la pequeña Grecia

La cesión de Chipre

El exterminio del Heleni Smo en Turquía

A la nación le espera un destino trágico

El gobierno contrae grandes responsabilidades

La ocasión de crear una Magna Grecia

- Texto del *Tratado greco-serbio* (pp. 195-196).

- Capítulo III. *Manifiesto al país* (pp. 197-203).

- Capítulo IV. *Mis campañas de prensa* (pp. 205-233).

- Artículos publicados en *Kírix*, abril y mayo de 1916.

Por qué no hago la revolución

Un despacho cifrado de Edward Grey

Grecia pudo salvar a Serbia

Déspotas y espías

Replicando al rey

Monarquismo y republicanismo

Párrafos sueltos *(De artículos publicados en Kirix en abril y mayo de 1916)*

Reclamaciones de la "Entente"

-Epílogo (pp. 235-246).

-Índice (p. 247).

1.3. *Cronología*

CALENDARIO		ACONTECIMIENTOS
JULIANO*	GREGORIANO	
1909		
28 de diciembre	10 de enero	Venizelos llega a Atenas tras una nueva invitación de la Liga Militar
14 de agosto	27 de agosto	Golpe de Estado de Gudí
1910		
8 de agosto	21 de agosto	Elecciones (Asamblea revisionista). Derrota de la coalición de los partidos antiguos y victoria de nuevas fuerzas populares, 165 escaños sobre los 360. Venizelos, que apoya y le apoyan los populares, elegido primer ministro sin haber presentado su candidatura el mismo, sino sus amigos-colaboradores
6 de octubre	19 de octubre	Primer gobierno de Venizelos. Corta duración
28 de noviembre	11 de diciembre	Nuevas elecciones y victoria del Partido Liberal venizelista con absoluta mayoría: 307 sobre los 360 escaños
1911		
2 de junio	15 de junio	Entra en vigor la Constitución reformada
1912		
12 de marzo	25 de marzo	Elecciones: nueva victoria del Partido Liberal de Venizelos, 146 escaños sobre 181

* Grecia se regía por el calendario juliano hasta que en 1923 adoptó el calendario gregoriano. Entonces, el jueves 1 de marzo de 1923 vino después del 15 de febrero.

16 de mayo	29 de mayo	Acuerdo greco-búlgaro en vista de la guerra balcánica
5 de mayo	18 de mayo	Fuerzas italianas ocupan Rodas
5 de octubre	18 de octubre	Grecia entra en la Primera Guerra Balcánica
13 de octubre	26 de octubre	Los turcos entregan Salónica al ejército griego
		Ocupación del Dodecaneso por Italia tras la Guerra ítalo-otomana 1911-12
1913		
8 de octubre	21 de febrero	Liberación de Ioánnina
5 de marzo	18 de marzo	Asesinato del rey Jorge en Salónica. Será rey Constantino I
6 de mayo	19 de mayo	Convenio militar con Serbia
16 de junio	29 de junio-agosto	Segunda Guerra Balcánica
28 de julio	10 de agosto	Tratado de Bucarest
4-12 de diciembre	17-19 de diciembre	Resolución de Florencia y evacuación militar del Epiro
1914		
15 de julio	28 de julio	I Guerra Mundial. Austria declara la guerra a Serbia. Discrepancias entre el rey y Venizelos
15 de octubre	28 de octubre	Turquía entra en la guerra a favor de los Imperios Centrales
Otoño	Sin fecha exacta	Proceso bélico y diplomático que suspendió la antigua situación de 1878. Gran Bretaña se anexionó Chipre y declaró la guerra a Turquía

1915		
Enero-febrero	Enero-febrero	Las fuerzas políticas debaten y discrepan sobre la participación de Grecia en la Guerra Mundial
29 de diciembre	**11 de enero**	**Primera memoria de Venizelos para el rey**
4 de enero	**17 de enero**	**Segunda memoria de Venizelos para el rey**
10 de enero	23 de enero	Despacho de Grey que invita a Grecia a participar en la guerra
21 de febrero	6 de marzo	Dimisión de Venizelos porque no convence al rey para que Grecia participe en la guerra
24 de febrero	10 de marzo	Gúnaris primer ministro
Marzo	Marzo	La campaña de Galípoli es un fracaso. Los aliados están enojados con Gúnaris, que cambia la neutralidad por una neutralidad benévola
13 de abril	26 de abril	Tratado secreto de Londres. Italia ocupa el Dodecaneso y parte de Albania
31 de mayo	13 de junio	Elecciones. Venizelos consiguió 189 diputados frente a los 127 de fuerzas contrarias
Finales de julio	Finales de julio	Gran derrota aliada en los Dardanelos
3 de agosto	16 de agosto	El rey llama a Venizelos con mucho retraso y este forma Gobierno

21 de septiembre	4 de octubre	El parlamento aprueba la política pro-Entente de Venizelos
Discursos de Venizelos. Sesión del 21/9 al 4/10		
8 de agosto	21 de agosto	Bulgaria: decreto de movilización,
10 de agosto	23 de agosto	El rey firma el decreto de movilización
23 de septiembre	6 de octubre	Comienza la ofensiva austro-germana contra Serbia
28 de septiembre	11 de octubre	Bulgaria se unió a la ofensiva contra Serbia
24 de septiembre	7 de octubre	Primer desembarco de la Entente en Salónica que supuso la violación de la neutralidad Destitución de Venizelos y sustitución por el gobierno filomonárquico de Alexandros Zaimis El rey promete neutralidad benévola a la Entente
6 de octubre	19 de octubre	Los partidarios de Venizelos se abstienen de votar en las elecciones
Discursos de Venizelos. Sesiones del 28/9 al 11/10 y del 21/10 al 3/11		
25 de octubre	7 de noviembre	Dimisión de Zaimis Será primer ministro Stéfanos Skouloudis Nueva convocatoria de elecciones 6/19 de diciembre
Manifiesto de Venizelos al país denunciando las elecciones		
6 de diciembre	19 de diciembre	Elecciones sin participación de los liberales

1916		
Primavera	Primavera	El ejército serbio, que está en la isla de Corfú, se traslada a Macedonia
Campaña de prensa de Venizelos. Abril y mayo		
21 de marzo	3 de abril	Ocupación francesa de Salónica. El general Sarail declara la Ley Marcial, ley marcial es de 21 de mayo /3 de junio con bloqueo marítimo de Grecia por los aliados
10 de mayo	23 de mayo	Bulgaria ocupa el fuerte Rúpel sin resistencia de Grecia
8 de junio	21 de junio	Dimisión de Skouloudis La Entente reclama neutralidad a Grecia tras el caso Rúpel. Dimite Skuludis, presidente Zaimis
6/9 de agosto	29 de agosto	Golpe de estado provenizelista en Salónica. Los búlgaros ocupan Florina y persiguen a la población griega en toda Macedonia.
29 de agosto	10 de septiembre	Dimite Zaimis, gobierno de Nicos Kalogerópoulos. Fuerzas del ejército que defienden Kavala se entregan al ejército alemán que les transporta a Gorlitz. Los búlgaros ocupan Kavala y los italianos avanzan en Epiro norte Dimite Kalogerópoulos y primer ministro el historiador Spiridon Lambros.

13 al 26 de septiembre	26 de septiembre al 5 de octubre	Los barcos aliados llegan a Salamina y amenazan Atenas. Venizelos viaja a Creta y forma un Gobierno provisional en Candia El gobierno provisional venizelista se traslada y se establece en Salónica Hay dos Grecias: División nacional (gr: *Εθνικός Διχασμός*, Eznikós Dijasmós)
18 de noviembre	1 de diciembre	Ofensiva de tropas francesas en Atenas El gobierno monárquico resiste 57 soldados extranjeros muertos. Hambre para el pueblo
24 de noviembre	7 de diciembre	El gobierno provisional de Salónica declara depuesto a Constantino I
12 de diciembre	25 de diciembre	Anatema contra Venizelos
1917		
7 de abril	20 de abril	Los aliados se burlan del gobierno de Lambros en Atenas, deciden el destronamiento de Constantino I
21 de abril	3 de mayo3 de mayo	Lambros dimite. Zaimis, nuevo presidente del Gobierno monárquico de Atenas
29 de mayo	11 de junio	Ejército francés desembarca en Atenas y obliga a abdicar al rey y ceder el trono a Alejandro, su segundo hijo

2 de junio	15 de junio	Salida del rey depuesto en medio de manifestaciones de sus seguidores
29 de junio	12 de Julio	El gobierno de Venizelos llega a Atenas y Grecia se une de nuevo Resucitó la Cámara de mayo de 2015, "Cámara Lázaro"
5 de agosto	18 de agosto	Gran incendio de Salónica
1918		
17 de mayo	30 de mayo	Batalla de Skra, victoria griega contra Bulgaria
21-23 de septiembre	4-6 de octubre	El ejército griego ocupa y libera Kavala, Serres y Drama
17 de octubre	30 de octubre	Pacto de Mudros. Fin de la guerra mundial. Derrota de Turquía y de la Alianza
1919		
1 de enero	14 de enero	Venizelos envía tropas a Rusia, que se retiran en primavera
22 de abril	5 de mayo	El Consejo de los aliados permite a Grecia ocupar Esmirna y su área. Mientras tanto, en marzo, tropas italianas habían llegado a la zona
2 de mayo	15 de mayo	Desembarco de fuerzas griegas en Esmirna entre el entusiasmo de la población griega de la ciudad
14 de noviembre	27 de noviembre	Tratado de Neuilly Bulgaria cede Tracia a Grecia
1919	1922	Guerra greco-turca en Asia Menor

1920		
28-30 de julio	10-12 de agosto	Tratado de Sèvres y renuncia de Italia al Dodecaneso Atentado contra Venizelos en la estación de Lyon en París
31 de julio	13 de agosto	Hechos de julio. Atentado contra el antivenizelista Ion Dragumis Muerte de Dragumis
12 de octubre	25 de octubre	Muere el rey Alejandro
1 de noviembre	14 de noviembre	Derrota electoral de Venizelos Gobierno de Dimitrios Ralis
6 de diciembre	19 de diciembre	Referéndum y vuelta del rey Constantino I al trono
1921		
24 de enero	6 de febrero	Gobierno de Dimitrios Kalogeropulos
24 de marzo	8 de abril	Gobierno de Dimitrios Gúnaris
28 de junio	10 de julio	Gran ofensiva griega en el frente *micrasiatico*
4 de agosto	17 de agosto	El ejército griego llega al río Sagario
Agosto	Septiembre	Batalla de Sagario
1922		
4 de mayo	17 de mayo	Gobierno de Protopapakis. Jefe del ejército griego en Asia Menor Georgios Jatzianestis
13 de agosto	26 agosto	Contraataque de Kemal
27 de agosto	9 de septiembre	Ocupación de Esmirna por el ejército turco. La ciudad se incendia
11 de septiembre	24 de septiembre	Revolución militar en Quios y Mitilene

14 de septiembre	27 de septiembre	Abdicación de Constantino I, que abandona el país. Jorge II, nuevo rey. Gobierno de Krokidás
1 de noviembre	14 de noviembre	Juicio de los seis
14 de noviembre	27 de noviembre	Gobierno de Stilianós Gonatás, Jefe de la revolución, se nombra al general Plastiras
15 de noviembre	28 de noviembre	Ejecución de los seis
1923		
16 de febrero	1 de marzo	Aplicación del calendario gregoriano

24 de julio. Tratado de Lausana
27 de agosto. Asesinato del general Telini
31 de agosto. Los italianos ocupan Corfú
27 de septiembre. Los italianos abandonan Corfú
22 de octubre. Golpe militar que lideran Gargalidis y Leonardopulos
16 de diciembre. Elecciones constituyentes, victoria de Venizelos
18 de diciembre. El rey Jorge II abandona el país, regente el mariscal Koundourioutis

1924
2 de enero. Plastiras entrega el poder a la Asamblea Constituyente
4 de enero. Regreso de Venizelos
11 de enero. Venizelos primer ministro
6 de febrero. Dimisión de Venizelos, gobierno de Georgios Kafantaris. Venizelos se autoexilia otra vez en París
12 de marzo. Gobierno de Papanastasíou
25 de marzo. Declaración de la II República griega

1925-26
Junio de 1925/ agosto de 1926. Dictadura del general Págalos
22 agosto 1926. Dimite Págalos por iniciativa del general Kondilis
7 de noviembre. Elecciones generales y gobierno ecuménico de Alexandros Zaimis

1927

Venizelos regresa a Grecia y se establece en Creta. Se vota la Constitución de la República. Restauración de los mandos militares depuestos en las Fuerzas Armadas. El Partido Popular se retira del Gobierno

1928

Estabilización monetaria. El ministro de Finanza del Gobierno ecuménico, el liberal Georgios Kafandaris, se ve obligado a dimitir por insistencia de Venizelos. Reorganización del Partido Liberal liderado otra vez por el cretense. 4 de julio. Venizelos primer ministro. 1928-1932, segundo lustro venizelista.

NB. El lector puede revisar la cronología del periodo de la II República griega en Álvarez de Frutos, P. y Filippís, D. (2017): *La II República griega 1924-1935. Venizelos y la diplomacia española.* Centro de Estudios Bizantinos, Neogriegos y Chipriotas, Granada.

1.4. *Catálogo de personajes*

ALEJANDRO I. (Αλέξανδρος Α'). Rey de los helenos: 12 de julio de 1917 – 25 de octubre 1920.

CONSTANTINO I. (Κωνσταντίνος Α'). Rey de los helenos durante dos periodos: 18 de marzo de 1913 - 13 de junio de 1917 y 19 de diciembre de 1920 - 27 de septiembre de 1922.

DARTIGE DU FOURNET, LOUIS. (2 de marzo de 1856 – 16 de febrero 1940). Vicealmirante francés. Dirigió el desembarco franco-inglés en El Pireo y Atenas del 16 de diciembre de 1916.

DRAGOUMIS, ION. (Ίων Δραγούμης). (Atenas, 2 de septiembre de 1878 – Atenas, 31 de julio de 1920). Fue diplomático, diputado y escritor educado en la Universidad de Atenas.

FOKÁS, DIMITRIOS. (Δημήτριος Φωκάς). Primer Oficial de la Marina Participó en el golpe de Estado del 11 de septiembre de 1922 y formó parte del Comité y Gobierno Revolucionario.

GONATÁS, STILIANÓS. (Στυλιανός Γονατάς). (Patras, 15 de agosto de 1876 - Atenas, 29 de marzo de 1966). Fue militar y político griego: primer ministro de Grecia de 27 noviembre de 1922 al 24 enero de 1924.

GUNARIS, DIMITRIOS. (Δημήτριος Γούναρης). (Patras, 5 de enero de 1867 – Atenas, 28 de noviembre de 1922). Abogado, político conservador. Primer ministro en dos periodos: 10 de marzo de 1915 – 23 de agosto de 1915, y 8 de abril de 1921 – 16 de mayo de 1922.

GREY, EDWARD. (25 de abril de 1862 – 7 de septiembre de 1933). Político inglés del Partido Liberal y ministro de Asuntos Exteriores desde 1905 hasta 1916, embajador en los Estados Unidos entre 1919 y 1920 y líder de los liberales en la Cámara de los Lores entre 1923 y 1924.

JORGE I. (Γεώργιος Α'). (Copenhague, 24 de diciembre de 1845 - Salónica, 18 de marzo de 1913). Rey de los helenos desde el 30 de marzo de 1863 hasta su fallecimiento.

KAFANTARIS, GEROGIOS. (Γεώργιος Καφαντάρης, 1873-1946). Abogado y político venizelista. Primer ministro desde el 6 de febrero de 1924 al 12 de marzo de1924.

KALAFATIS, CRISÓSTOMOS. (Χρυσόστομος Καλαφάτης). Más conocido como Crisóstomos de Esmirna. (Triglia, Imperio otomano, 8 de enero de 1867-Esmirna, Imperio Otomano, 10 de septiembre de 1922).

Obispo metropolitano de Drama y Esmirna educado en la Escuela de Teología de Halki. Fue torturado y ejecutado por los turcos.

KARATHEODORÍ, KONSTANTINOS. (Κωνσταντίνος Καραθεοδωρή). (Berlín, 13 de septiembre de 1873 – Munich, 2 de febrero de 1950). Matemático y profesor alemán de origen griego, miembro de la Academia de Atenas, construyó y desarrolló la Universidad de Esmirna, que nunca funcionó.

KEMAL ATATÜRK, MUSTAFÁ. (Salónica, 19 de mayo de 1881 – Estambul, 10 de noviembre de 1938). Mariscal de campo y político turco. Fue primer ministro de Turquía: 3 de mayo de 1920 – 24 de enero de 1921 y primer presidente de la República: 29 de octubre de 1923 – 10 de noviembre de 1938.

KOLETIS, IOANNIS. (1774-1847), político contradictorio, fundador del Partido Francés, dos veces primer ministro (1833-34 y 1844-47).

KONDILIS, GEORDIOS. (Γεώργιος Κονδύλης). (Atenas, 14 de agosto de 1878 – Atenas 1 de febrero de 1936). Fue militar y político, primer ministro de Grecia dos veces: 23 de agosto de 1926 – 4 de diciembre de 1926 y 10 de octubre de 1935 – 30 de noviembre de 1935

KUNDURIOTIS, PAVLOS. (Παύλος Κουντουριώτης). (9 de abril de 1855 - 22 de agosto de 1935). Militar y político. Varias veces ministro y presidente de Grecia: 25 de marzo de 1924 – 15 de marzo de 1926 y 24 de agosto de 1926 – 10 de diciembre de 1929, y regente: 20 de diciembre de1923 – 25 de marzo de 1924.

LAMPROS, SPIRIDON. (Σπυρίδων Λάμπρος). (Corfú, 8 de abril de 1851 – Cefisia, 23 de julio de 1919). Profesor, historiador y político. Fue ministro de Culto y Educación y primer ministro (1916-1917).

MIJALAKÓPULOS, ANDREAS. (Ανδρέας Μιχαλακόπουλος), (Patras, 17 de mayo de 1875 – Atenas, 7 de marzo de 1938). Abogado y político venizelista. Primer ministro desde el 7 de octubre de 1924 al 26 de junio de 1925.

METAXÁS, IOANNIS. (gr. *Ιωάννης Μεταξάς)*; (Vací, Ítaca, 12 de abril de 1871 - Atenas, 29 de enero de 1941) fue general y político conservador y antivenizelista. Primer ministro y dictador: 13 de abril de 1936 - 29 de enero de 1941.

PAPANASTASÍU ALÉXANDROS (Αλέξανδρος Παπαναστασίου) (Trípolis 8 de junio 1876 – Atenas 17 de noviembre de 1936). Sociólogo y líder socialdemócrata. Fundador de la II República griega (25 de marzo de 1924) y su primer ministro hasta el 24 de julio de 1924 y, después, desde el 26 de mayo de 1932 al 5 de junio de 1932.

PLASTIRAS, NIKÓLAOS. (Νικόλαος Πλαστήρας). (Karditsa, 4 de noviembre de 1883 – Atenas, 26 de julio de 1953). Fue militar y político venizelista, y junto a Gonatás, líder del movimiento y gobierno "revolucionarios" entre noviembre de 1922 y enero de 1924 y, después, primer ministro en tres ocasiones: 3 de enero de 1945 – 9 de abril de 1945; 15 de abril de 1950 – 21 de agosto de 1950 y 1 de noviembre de 1951 – 11 de octubre de 1952.

POLITIS, NIKÓLAOS. (gr. Νικόλαος Πολίτης). (Kalamata, 1852 – Atenas, 1921). Fue filólogo y folclorista.

POP, GEORGIOS (Γεώργιος Πωπ, 1872-1946). Periodista y político, que pasó de las filas del venizelismo a las del antivenizelismo. En 1925 fue ministro de Educación en el gobierno del general-dictador Theodoros Págalos.

RALIS, DIMITRIOS. (Δημήτριος Ράλλης). (Atenas, 1844 - 5 de agosto de 1921). Fue abogado y primer ministro en cinco ocasiones: del 30 de abril de 1897 al 3 de octubre de 1897, del 11 de julio de 1903 al 7 de diciembre de 1903, del 22 de junio de 1905 al 21 de diciembre de 1905, del 19 de julio de 1909 al 28 de agosto de 1909 y del 18 de noviembre de 1920 al 6 de febrero de 1921.

SKOULOUDIS, STÉFANOS. (Στέφανος Σκουλούδης). (Constantinopla, 23 de noviembre de 1828 – Atenas, 19 de agosto de 1928). Político, banquero y diplomático. Fue ministro de Relaciones Exteriores y primer ministro entre el 7 de noviembre de 1915 y el 19 de junio de 1916.

SOFULIS THEMISTOKLÍS (Θεμιστοκλής Σοφούλης. Samos 1860 - Atenas, 24 de junio de 1949). Arqueólogo y político venizelista. Primer ministro de 24 de julio de 1924 a 7 de octubre de 1924 y de 22 de noviembre de 1945 a 4 de abril de 1946.

STERIADIS, ARISTIDIS. (Αριστείδης Στεργιάδης). (Herkiion, 1861 - Niza, 22 junio 1949). Abogado y político. Fue nombrado por Venizelos alto comisario en Esmirna de 1919 a 1922.

THEOTOKIS, GEORGIOS. (Γεώργιος Θεοτόκης). (Corfú, 1844 – Atenas, 1916). Abogado y político. Primer ministro de Grecia del 14 de abril de 1899 al 25 de noviembre de 1901, de 14 de junio de 1903 a 28 de junio de 1903, de 6 de diciembre de 1903 a 16 de diciembre de 1904 y de 8 de diciembre de 1905 a 7 de julio de 1909.

TRIKUPIS, JARILAOS. (Χαρίλαος Τρικούπης). (Nauplia, 11 de julio de 1832-Cannes, 30 de marzo de 1896). Político y abogado formado en la Universidad de Atenas. Fue primer ministro en siete ocasiones entre 1875 y 1895.

VENIZELOS, ELEFTHERIOS. (gr. *Ελευθέριος Βενιζέλος)*; (Creta, Mournies, 23 de agosto de 1864 - París, 18 de marzo de 1936). Abogado y político. Protagonizó la revolución de Cérisos y la unión de Creta con Grecia. Fue primer ministro del Estado de Creta. Jefe del Partido Liberal. Primer ministro de Grecia durante la Monarquía en los siguientes periodos: 6 de octubre de 1910 a 25 de febrero de 1915 y de 14 de junio de 1917 a 4 de octubre de 1920; de 4 de enero a 6 de febrero de 1924; y durante la II República: de 4 agosto de 1928 a 21 de mayo de 1932.

ZAIMIS, ALÉXANDROS. (Αλέξανδρος Ζαΐμης). (Patras, 9 de septiembre de 1855 – Viena, 15 de septiembre de 1936). Político, diplomático, abogado y banquero. Fue primer ministro en varios periodos: 3 de octubre de 1897 – 14 de abril de 1899; 25 de noviembre de 1901 – 6 de diciembre de 1902; 7 de octubre de 1915 – 7 de noviembre de 1915; 22 de junio de 1916 – 16 de septiembre de 1916; 5 de febrero de 1917 – 27 de junio de 1917;4 de diciembre de 1926 – 4 de julio de 1928; y presidente de la República entre el 9 de diciembre de 1929 – y el 10 de octubre de 1935.

6.5. *Portada del mismo libro*

Portada del libro de Venizelos traducido por Vicente Clavel.
Fuente: Biblioteca Pública de Segovia.

Portadas estadounidenses del mismo libro

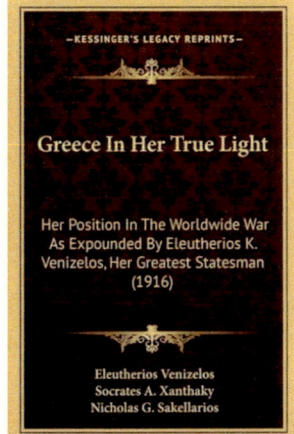 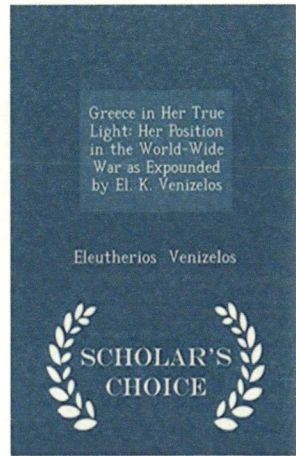

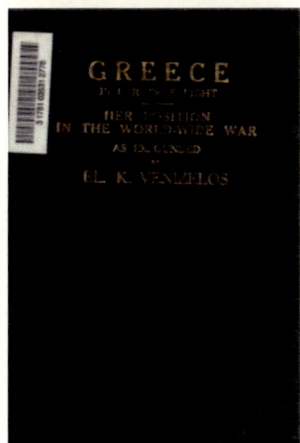 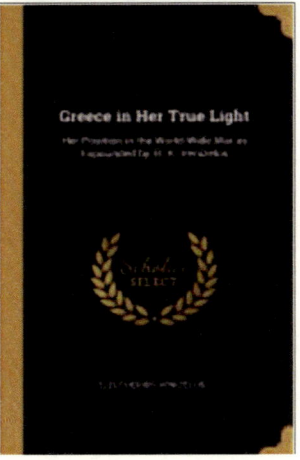

Estas portadas se pueden localizar a través de Internet 2023 en:

a.<https://www.amazon.es/Greece-Her-True-Light-Eleutherios/dp/1164661779>

b.   <https://books.google.es/books/about/Greece_in_Her_True_Light.html?id=w-MwKAQAAIAAJ&redir_esc=y> respectivamente.

c. Hemos localizado otros dos ejemplares en <https://www.amazon.es/Greece-Her-True-Light-World-Wide/dp/129825356X>

d.   <https://books.google.es/books?id=wjZ_xAEACAAJ&dq=inauthor:%22Eleutherios+Venizelos%22&hl=es&sa=X&redir_esc=y> 2023, que, en su nota bibliográfica, no indican la procedencia original. Cada uno de ellos tiene una portada diferente.

1.6. *Mapa*

162

1832: El primer estado griego tras la Guerra de Independencia (1821-1831)

1864: Gran Bretaña concede a Grecia las siete Islas Jónicas

1881: Turquía concede a Grecia Tesalia y gran parte de Epiro

1913: Tras las victoriosas Guerras Balcánicas (1912-1913), Grecia incorpora a Epiro, Macedonia, Creta y las islas del Egeo oriental.

1918-1920: Tras la Primera Guerra Mundial (1914-1918), Tracia occidental se incorpora a Grecia [Con el Tratado de Neuilly (noviembre de 1919) Bulgaria concede sus derechos en Tracia occidental: dominio provisional francés en la región. Tras la conferencia de San Remo (abril de 1920), las grandes potencias aliadas conceden a Grecia la región: en mayo de 1920, las tropas griegas sustituyen a las francesas y Tracia occidental se incorpora a Grecia].

1920: Con el Tratado de Sèvres (agosto de 1920), Grecia incorpora momentáneamente la Tracia oriental, las islas Imbros y Ténedos, así como Esmirna y su región. Además, con dos tratados italo-griegos (Venizelos-Tittoni y Venizelos-Bonin) Italia reconoce los derechos de Grecia en las islas del Dodecaneso, que había ocupado en 1912.

1920-1923: Tras la guerra greco-turca (1919-1922), la catástrofe de Esmirna (1922) y el Tratado de Lausana (1923), Grecia concede a Turquía la Tracia oriental, las islas Imbros y Ténedos y la región de Esmirna, así como se ve obligada a reconocer el dominio italiano en Dodecaneso, pero confirma su territorio de antes de Tratado de Sèvres.

1947: Tras la II Guerra Mundial las islas del Dodecaneso se incorporan a Grecia.

1.7. *Imágenes*

1.7.1. *Primera página de Patris / Patria, diario griego*

Primera página del Diario *Patris,* lunes 9 de noviembre de 1915
Título: El partido liberal se abstendrá en las elecciones
Subtítulos: La decisión se tomó ayer en asamblea general
Eleftherios Venizelos al pueblo griego

Fuente: Archivo Hemeroteca del Parlamento griego.

1.7.2. *Primeras páginas de diarios extranjeros*

 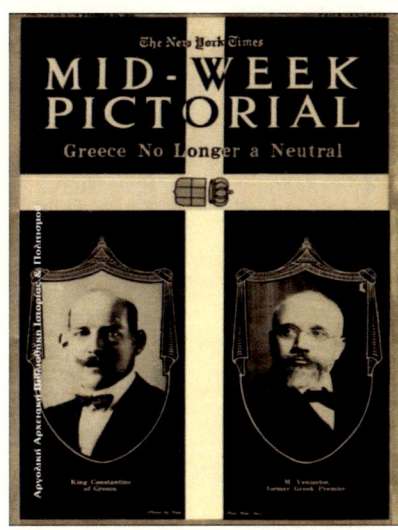

Portadas de diarios internacionales durante la gran división nacional griega. *Le Petit Journal,* 29 de octubre de 1916 ("Venizelos. El gran patriota griego"), *The New York Times,* septiembre de 1916 ("Grecia ya no es neutral"), *Le Miroir,* 27 de febrero 1916, "El rey Constantino sale del edificio de la Embajada de Alemania en Atenas vestido de oficial alemán con ocasión del cumpleaños de Kaizer", (izquierda), y *Time,* 18 de febrero de 1924, (derecha).
FUENTE: Fundación Nacional de Investigaciones y Estudios Eleftherios K. Venizelos.

165

1.7.3. Portadas de libros de la época

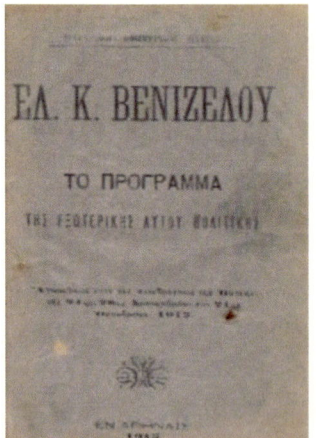 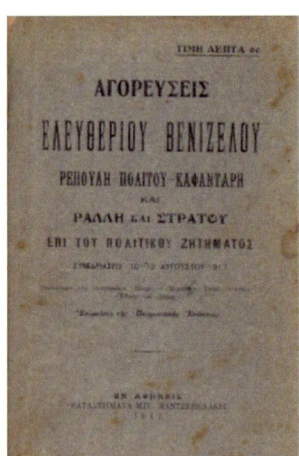

Izquierda: El. K. Venizelos (1915). *El Programa de su Política Exterior -discursos parlamentarios de 21 y 28 de septiembre y 21 de octubre de 1915.* Ediciones: Anexo del Diario "ΠΑΤΡΙΣ" (Patrís/Patria).

Derecha: *Discursos de Eleftherios Venizelos, Répulis, Politis, Kafantaris y Ralis y Stratos sobre la forma del Estado.* Anexo de los diarios "Patris", "Eleftheros Typos / Prensa Libre", "Estia / Hogar", "Eznos / Nación" y "Drasis / Acción". Atenas 1917.

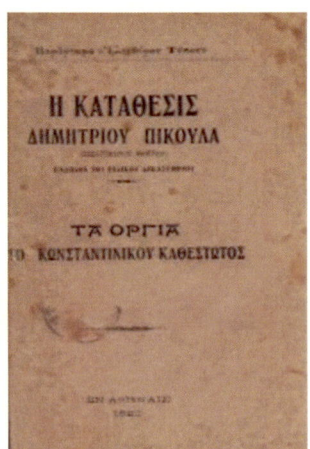 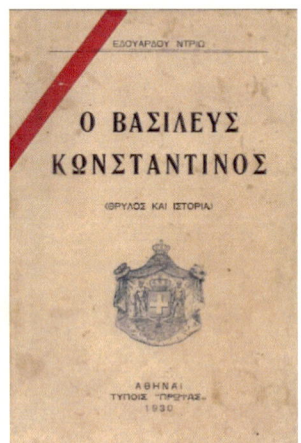

Izquierda: *Declaración al Tribunal extraordinario de Dimitrios Piculas fiscal del Tribunal de Apelación. Orgías del régimen constantinista,* Atenas, 1917.

Derecha. Edouard Driault, "El rey Constantino. Leyenda e historia", Atenas, 1930, diario Proia. FUENTE: Archivo privado del profesor Filippís.

166

1.7.4. *Imágenes sobre los acontecimientos tratados*

El anatema contra Venizelos ("el anatema con las 280 piedras contra Venizelos", arriba y "el anatema contra el gran conspirador" escribe el cartel de la caricatura abajo derecha).
Fuente: Diario *Η Καθημερινή* / Kathimeriní y Fundación Nacional de Investigaciones y Estudios "Eleftherios K. Venizelos".

Fuente: Wikipedia griega ("Εθνικός
Διχασμός / División nacional")

Fuente: Biblioteca Archivo de Historia
y Civilización de Argólida

A la izquierda, caricatura inglesa sobre el rey Constantino por su pasividad durante la ocupación búlgara de Macedonia. El búlgaro rey Fernando entra por la ventana y pregunta al rey griego: "Te molesto? "No", responde el rey griego, "siéntate cómodo, como si fuera tu casa". A la derecha, "el anatema contra el gran conspirador", dice la cartela de la caricatura. Fuente: FUENTE: Wikipedia griega ("Εθνικός Διχασμός / División nacional")

167

Imagen del gran caricaturista griego Fokion Dimitriadis, que inmortaliza la liberación de Salónica con la entrada de las tropas bajo las órdenes del príncipe Constantino y la guía de Venizelos. FUENTE: Fundación Nacional "Eleftherios K. Venizelos".

FUENTES Y BIBLIOGRAFÍA

Fuentes

A. *Ediciones del libro Venizelos-Clavel* (V.-Cl.) o relacionadas con él

Eleftherios Venizelos (V.-Cl).: *Grecia ante la guerra europea,* (versión española de Vicente Clavel). Valencia, Cervantes, ¿1916-1917?

Eleutherios K. Venizelos (1915/1916) *Greece in Her True Light: Her Position in the Worldwide War as Expounded by Eleutherios K. Venizelos, Her Greatest Statesman (1916).* Scholar's Choice Edition, Princeton University. (trad: Socrates Anthony Xanthaky y Nicholas George Sakellarios).

Ελ. Κ. Βενιζέλος (1915). *Το Πρόγραμμα της Εξωτερικής αυτού Πολιτικής. Αγορεύσεις κατά τας συνεδριάσεις της Βουλής της 21ης, 28ης Σεπτεμβρίου και 21ης Οκτωβρίου 1915* Παράρτημα Εφημερίδος "ΠΑΤΡΙΣ". Εν Αθήναις. [*El. K. Venizelos (1915). El Programa de su Política Exterior -discursos parlamentarios de 21 y 28 de septiembre y 21 de octubre de 1915*]. Ediciones Anexo del Diario "ΠΑΤΡΙΣ" (Patrís / Patria), Atenas.

Αγορεύσεις Ελευθερίου Βενιζέλου, Ρέπουλη-Πολίτου-Καφαντάρη και Ράλλη και Στράτου επί του πολιτικού ζητήματος. Συνεδριάσεις 10-13 Αυγούστου 1917. Παράρτημα των εφημερίδων "Πατρίς-"Ελεύθερος Τύπος", "Εστία", "Εθνος" και "Δράσις". [*Discursos de Eleftherios Venizelos, Répulis, Politis, Kafantaris y Ralis y Stratos sobre la forma del Estado.* Anexo de los diarios "Patris", "Eleftheros Typos / Prensa Libre", "Estia / Hogar", "Eznos / Nación" y "Drasis / Acción"]. Atenas 1917.

Il Libro bianco greco. Documenti diplomatici 1913-1917 seguito dal discorso di Eleutherio Venizelos. Ed. Guaroni, Roma 1918.

B. *Archivos*

Archivo General de la Administración (AGA),

Asuntos Exteriores, caja 82/03122 (antiguo AMAE legajo R-841), exp. 7: Información sobre política de Grecia - Años 1934-1936. (Ramón Abella).

Archivo General Militar de Segovia AGM (Patrimonio Cultural de Defensa. Archivos, Bibliotecas, Museos), 9ª caja, 1301, expediente 10.149.

Archivo Histórico Nacional (AHN) (Ministerio de Cultura y Deporte)
Correspondencia. (Grecia),

— Mº_Exteriores_H,1604.

— Mº_Exteriores_H,1605.

— Mº_Exteriores_H,2516.

— Mº_Exteriores_H,2518.

C. Parlamentos

Cámara de los Comunes[1]. 14 de octubre de 1515. Edward Grey.

Congreso de los Diputados. Diario de Sesiones. Intervenciones:
— 29 de noviembre de 1915, Núm. 21. Ayuso.

— 1 de julio de 1916, Núm. 41, presidente del Gobierno, conde de Romanones y diputado Barcia.

— 8 de junio, 1916. Núm. 23, Cambó.

— 9 de junio, 1916. Núm. 24, Domingo.

— 18 de julio de 1922, Núm. 3835, secretario de Estado.

Parlamento griego[2]. Fundación del Parlamento griego / Ίδρυμα της Βουλής των Ελλήνων

— (2021): *Η πολιτική κληρονομιά του Ελευθερίου Βενιζέλου. Συνέχειες και ασυνέχειες.* Πρακτικά Συνεδρίου. Ίδρυμα της Βουλής, Εθνικό Ίδρυμα Ελευθέριος Κ. Βενιζέλος, Μουσείο Μπενάκη. Αθήνα.

— (2015):*Τετράδια κοινοβουλευτικού λόγου. Ελευθέριος Βενιζέλος-Η ύστατη κοινοβουλευτική μάχη του 1915.* Αθήνα. Ίδρυμα της Βουλής των Ελλήνων.

— (2014): *Ο Ελευθέριος Βενιζέλος-Η διαμόρφωση της πολιτικής του σκέψης. Ιδεολογικές αφετηρίες και επιρροές.* Αθήνα.

— (2013) *Ελευθέριος Βενιζέλος (1931). Περί Δημοκρατίας.* Αθήνα, Ίδρυμα της Βουλής των Ελλήνων.

---

[1] **House of Commons**, (oficialmente Los Honorables Comunes del Reino Unido de Gran Bretaña e Irlanda del Norte reunidos en Parlamento / *The Honourable the Commons of the United Kingdom of Great Britain and Northern Ireland in Parliament assembled.* Reino Unido).

[2] **Consejo de los Helenos** o **Parlamento Helénico** / Βουλή των Ελλήνων (*Voulí ton Ellinon*). Fundación del Parlamento griego / Ίδρυμα της Βουλής των Ελλήνων.

D. Medios de comunicación españoles

El Mundo, "Curioso paralelismo. Maura-Venizelos". Sábado, 1 de mayo de 1915.

El Pueblo,

— "La decisión del Congreso helénico reunido en París", (15 de enero de 1916).

— "Orden de prisión contra Venizelos". (29 de enero de 1916).

— "La colonia griega de Alejandría a favor de los aliados". (31 de enero de 1916).

— "La ofensiva de los aliados en Macedonia". (16 de marzo de 1916), entre otras muchas.

El Socialista, "Crisis suprema", 1 de diciembre de 1922.

El Sol, "Las acusaciones del Comité revolucionario griego", 10 de noviembre de 1922.

La Correspondencia de Valencia. "Visiones de Oriente. El sueño de Venizelos", lunes, 14 de enero de 1924.

La Época. Editorial, *"Neutrales".* 1 agosto 1914.

La Nación. Unamuno, M. de: "Lo que le ha sucedido a D. Ramón del Valle Inclán en su viaje a Méjico y el ejemplo de Mazzini con respecto a Italia". Buenos Aires, 19 de marzo de 1922.

Bibliografía seleccionada

Afiéroma / Αφιέρωμα-περιοδική έκδοση της Ελληνικής Σχολής "Ο Άγιος Παύλος" (2022): *1922. Πειραιάς και πρόσφυγες,* τχ.8,11/2022.

Álvarez de Frutos, P. (2015): "El eco en la prensa y documentación diplomática españolas de los procesos a los responsables de la derrota griega en Asia Menor". En *ERYTHEIA.* Revista de estudios bizantinos y neogriegos, núm. 34.

Álvarez de Frutos, P. y Filippís, D. (2017): *II República griega (1924-1935). Venizelos y la diplomacia española.* Centro de Estudios Bizantinos, Neogriegos y Chipriotas. Granada.

Álvarez Junco, J. (2022): *Qué hacer con un pasado sucio.* Barcelona, Galaxia Gutenberg.

Agramonte y Cortijo, Fr. (2009): *Η Ελλάδα έναντι του Α' Παγκοσμίου Πολέμου.* Εισαγωγή, έκδοση κειμένου, σχόλια: Matilde Morcillo Rosillo,

Μόσχος Μορφακίδης. Μετάφραση: Antonio López Valverde, Βαλεντίνα Κωνσταντινίδου. Centro de Estudios Bizantinos, Neogriegos y Chipriotas. Granada.

Arsel / Τάτα Αρσέλ, Λ. (2014): *Με το Διωγμό στην ψυχή. Το τραύμα της Μικρασιατικής Καταστροφής σε τρεις γενιές.* Κέδρος, Αθήνα.

Azaña, M. (1917): "España ante la guerra: la indefensión material", Discurso pronunciado en el Ateneo de Madrid (Sección de Ciencias Históricas), el 25 de mayo de 1917.

Ayuntamiento Neas Ionías / Δήμος Νέας Ιωνίας-Κέντρο Σπουδής και Ανάδειξης Μικρασιατικού Πολιτισμού (ΚΕ.ΜΙ.ΠΟ.). (2018): *8° Συμπόσιο. Λίγο πριν από την 100/ετία. Πώς και γιατί οι Έλληνες υπέστησαν τη μεγαλύτερη καταστροφή της Ιστορίας τους.* Αθήνα.

Barreiro, C.: "La prensa española ante la primera Guerra Mundial". *Revista Abril,* Nº 78. En <https://www.arbil.org/(78)cris.htm>, 2022

Bedlek / Yesim Bedlek, E. (2022): *Η ανταλλαγή των πληθυσμών του 1923. Τραύμα και φαντασιακές κοινότητες σε Ελλάδα και Τουρκία.* Επιστημονική Επιμέλεια: Σπυρίδων Γ. Πλουμίδης. Μετάφραση: Αικατερίνη Χαλμούκου. GUTENBERG/ΙΣΤΟΡΙΑ. Αθήνα.

Blasco Ibáñez, V.

— (1998): *Mare Nostrum.* Introducción de M.J. Navarro Mateo. Madrid, Cátedra.

— (1920): *Crónica de la guerra europea 1914-1918. Una historia en la trinchera de la Primera Guerra Mundial.* Edición abreviada de José Manuel Lechado. Madrid, La Esfera de los Libros, 2004. Del original de título: *Historia de la Guerra europea de 1914,* Prometeo.

Bouzakis / Μπουζάκης Σ. (2016): *Ο Ελευθέριος Βενιζέλος και η ελληνική εκπαίδευση. Από την Κρητική Πολιτεία (1898-1913) στις κυβερνητικές περιόδους στην Ελλάδα (1910-1920 και 1928-1932).* Gutenberg: Γιώργος και Κώστας Δαρδανός.

Costopoulos / Κωστόπουλος Τ. (2007): *Πόλεμος και εθνοκάθαρση. Η ξεχασμένη πλευρά μιας δεκαετούς εθνικής εξόρμησης, 1912-22.* Βιβλιόραμα, Αθήνα.

Clogg, R. (1998): *Historia de Grecia* (traducción de Helena Aixendri Boneu), Cambridge University Press.

Criarás / Κριαράς, Εμμ. (2006): "Ο Ελευθέριος Βενιζέλος και η δημοτική γλώσσα". *Φιλόλογος*, τχ. 123 (Ιανουάριος, Φεβρουάριος, Μάρτιος 2006), σ. 83-104.

Dafnís / Δαφνής, Γρ. (1955/1997). *Η Ελλάς μεταξύ δύο πολέμων 1923-1940*, τόμος πρώτος. Ίκαρος/Κάκτος, Αθήνα.

Daskarolis / Δασκαρώλης, Ι. (2024) "Πρωτοχρονιά του 2024. Το περιπετειώδες ταξίδι της επιστροφής του αυτοεξόριστου Βενιζέλου στην Ελλάδα". En: <https://www.militaire.gr/protochronia-1924-to-peripeteiodes-taxidi-epistrofis-toy-aytoexoristoy-venizeloy-stin-ellada/>, 2022.

Drulia-Koutsopanagou / Δρούλια Λ. Κουστοπανάγου Γ. (2008): *Εγκυκλοπαίδεια του Ελληνικού Τύπου 1784-1974* (τετράτομο). Εθνικό Ίδρυμα Ερευνών. Αθήνα.

EAP / Ελληνικό Ανοικτό Πανεπιστήμιο (ΕΑΠ-2024). Επιμ: Κων. Κωνσταντόπουλος-Δ.Ε. Φιλιππής: *Από τη Συνθήκη των Σεβρών στη Συνθήκη της Λωζάννης. Ιστορικές προσεγγίσεις και όψεις του προσφυγικού ζητήματος.*

Fernández Clemente, E. (1995), *Ulises en el siglo XX. Crisis y modernización en Grecia, 1900-1930*. Prensa Universitaria de Zaragoza. Zaragoza.

Figueroa y Torres, A., conde de Romanones (1924): *Las responsabilidades políticas del antiguo régimen. De 1875 a 1923*. Madrid, Biblioteca Renacimiento.

Filippís / Φιλιππής, Δ.Ε. (2010): *Προφασισμός, εκφασισμός, ψευδοφασισμός. Ελλάδα, Ιταλία και Ισπανία στον Μεσοπόλεμο.* University Studio Press. Θεσσαλονίκη.

Fuentes Codera, M. y Duarte Á. (2014): "La guerra en un país neutral. Los intelectuales españoles frente a Europa (1914-1918)". Seminario de Historia de la Fundación 'Ortega y Gasset'. Madrid-

Gaziel (Calvet, A.) (2014): *De París a Monastir.* (Prólogo de José Amat). Barcelona, La Esfera de los Libros (2ª edit.).

Historika / Ε΄ Ιστορικά, ειδική έκδοση εφημερίδας "Ελευθεροτυπία"-"Η εκτέλεση των έξι", τχ. 6 (25 Νοεμβρίου 1999).

Horton G. (1996/2016): *Η μάστιγα της Ασίας.* Εστία/Μήνωας, Αθήνα (ed. original, *The Blight of Asia*, 1926).

Hassiotis I. K./Χασιώτης, I.K.: *Αρμένιοι και Έλληνες στις μεγάλες κρίσεις του Ανατολικού Ζητήματος (1856-1914). Αδελφά έθνη εν μέσω θυέλλης.* Unviversity Studio Press. Θεσσαλονίκη

Hassiotis L. /Χασιώτης, Λ. (1999): *Διπλωματικά διλήμματα μιας πενταετίας-Οι ελληνοσερβικές σχέσεις (1913-1918).* Αδημοσίευτη διδακτορική διατριβή. ΑΠΘ. Θεσσαλονίκη.

Heurtley W.A. y otros (1969): *Breve Historia de Grecia,* (traducción de Victorio Peral Domínguez), Cambridge University Press.

IEE / *Ιστορία του Ελληνικού Έθνους* (Historia de la Nación Griega), τ. ΙΔ΄ και ΙΕ΄ (1977/1978): *Νεώτερος Ελληνισμός. Από 1881 ως 1913 / Νεώτερος Ελληνισμός. Από 1913 ως 1940.* Εκδοτική Αθηνών. Αθήνα.

Karouzou / Καρούζου E. (2018): "Pedro Álvarez de Frutos, y Dimitris Filippís.: *II República griega (1924-1935). Venizelos y la diplomacia española.* Granada, Centro de Estudios Bizantinos, Neogriegos y Chipriotas, 2017. *Νεοελληνικά Ιστορικά,* τ. Ε΄. Αθήνα.

Kerofilas C. (1915): *Un homme d´Etat E Venizelos. Venizelos en Crete, a Athenes. L´homme d´etat et l´opinion Europeenne. Venizelos et la Gurrre Mondiale.* París.

Lázaro, L.M. (2013): "L'edició popular a Espanya. El cas de l'Editorial Cervantes. Notes" ("La edición popular en España. El caso de la Editorial Cervantes. Notas). *Educació i Història: Revista d'Història de l'Educació,* Nº 22 (julio-desembre, 2013), Societat d'Història de l'Educació dels Països de Llengua Catalana.

Leontaritis / Λεονταρίτης, Γ.Β. (2000): *Η Ελλάδα στον Πρώτο Παγκόσμιο Πόλεμο. 1917-1918.* Μετάφραση:Β. Οικονομίδης. Μορφωτικό Ίδρυμα Εθνικής Τραπέζης. Αθήνα. Original: Leon G.B. (1990): *Greece and the First World War: From neutrality to Intervention 1917-1918.* Columbia University Press. Ney York.

Liakos / Λιάκος, A. (2022): *Ο ελληνικός 20ος αιώνας.* Πόλις. Αθήνα.

Malefakis E. (2002). "Grecia y España: ¿Hasta qué punto historias paralelas?". *En Grecia y España. Los confines de Europa* (Coord.: Jesús de la Villa Polo). Oficina de Prensa de la Embajada de Grecia y Universidad Autónoma de Madrid. Madrid.

Martorell Linares, M. (2011): "José Sánchez Guerra. Un hombre de honor (1859-1935)". Universidad de Córdoba, *Ámbitos,* Nº. 25.

Mavrogordatos - Jatsiiosíf / Μαυρογορδάτος, Γ.Θ – Χατζηιωσήφ, Χ. (1992): Βενιζελισμός και αστικός εκσυγχρονισμός, Πανεπιστημιακές εκδόσεις Κρήτης, Ηράκλειο.

Mavrogordatos / Μαυρογορδάτος, Γ.Θ. (2015): 1915. Ο Εθνικός Διχασμός. Εκδόσεις Πατάκη. Αθήνα.

Mavroγordatos / Μαυρογορδάτος, Γ.Θ. (2017): Μετά το 1922. Η παράταση του Διχασμού. Εκδόσεις Πατάκη. Αθήνα.

Meletópoulos / Μελετόπουλος, Μ. (1994): Η βασιλεία στη νεώτερη ελληνική ιστορία. Από τον Όθωνα στον Κωνσταντίνο Β. Λιβάνης, Αθήνα.

Morcillo Rosillo, M.

— (1997): "España ante el IX gobierno de Venizelos: Entrega de credenciales al rey Alejando (1916-3 917). Rev. *ERYTHEIA*, Nº. 18, 1997.

— (2001): "Caída de la monarquía y proclamación de la primera república griega (1924): el reconocimiento internacional". Rev. *ERYTHEIA*, Nº. 22, 2001.

— (2007): "Actitud de Grecia durante la Primera Guerra Mundial". Erytheia: Revista de estudios bizantinos y neogriegos, Nº. 28, 2007.

Mourelos /Μουρέλος, Γ. (2006): *Τα "Νοεμβριανά" του 1916: Από το Αρχείο της Μεικτής Επιτροπής Αποζημιώσεων των θυμάτων*. Πατάκης. Αθήνα.

Moutsianou / Μούτσιανου, Ο. (2023): *Νίκος Καρβούνης (Ιθάκη, 1880 - Αθήνα, 1947). Η συγκρότηση ενός διανοούμενου στο πρώτο μισό του 20ού αιώνα.* Διδακτορική διατριβή. ΕΑΠ. Αθήνα.

Navarro Mateo, M.J. (1998): Introducción, Blasco Ibáñez, V. *Mare Nostrum*. Madrid, Cátedra.

Pabón, J. (1999): *Cambó: 1876-1947*. Barcelona, Edit. Alfa.

Papadakis / Παπαδάκης (Παπάδης), Ν.Εμ. (2017): *Ελευθέριος Βενιζέλος. Ο άνθρωπος, ο ηγέτης. Βιογραφία. Τόμος Α' .* Εθνικό Ίδρυμα Ερευνών "Ελευθέριος Κ. Βενιζέλος"-Βιβλιοπωλείον της Εστίας. Αθήνα (2 τόμοι).

Papadimitríou / Παπαδημητρίου Δ.Ι. (2012): *Τα χρόνια της κρίσης στον μεσοπόλεμο. Η ελληνική δημόσια συζήτηση.* Εκδόσεις Ασίνη. Αθήνα.

Pensamiento Político, UNED. Dpto. de Hª. del Pensamiento y de los Movimientos Sociales y Políticos, UCM. Fundación José Ortega y Gasset-Gregorio Marañón. Curso 2013-2014.

Seco Serrano, C. (1985): "La España de Alfonso XII", *Cuadernos de Historia 16*, núm. 98, Madrid.

Serrano Saénz de Tejada, G. (2013): *De la guerra de Marruecos y el combate que no debió ser.* Madrid, Ministerio de Defensa.

Skopetea / Σκοπετέα, Ε. (1992). *Η Δύση της Ανατολής. Εικόνες από το τέλος της Οθωμανικής Αυτοκρατορίας.* Γνώση. Αθήνα.

Stefanu / Στεφάνου, Σ.Ι.

— (1965/1969-επιμ.): *Ελευθερίου Βενιζέλου. Πολιτικαί Υποθήκαι.* Αθήνα (2 tomos).

— (1982-επιμ.): *Τα κείμενα του Ελευθερίου Βενιζέλου, τ. Β'* (1915-1920). Λέσχη Φιλελευθέρων-Μνήμη Ελευθερίου Βενιζέλου, Αθήνα (4 tomos).

Svolópoulos / Σβολόπουλου, Κ.Δ. (2009): *Η απόφαση για την επέκταση της ελληνικής κυριαρχίας στη Μικρά Ασία.* Εθνικό Ίδρυμα Ερευνών και Μελετών Ελευθέριος Βενιζέλος-Ίκαρος Εκδοτική Εταιρεία. Αθήνα.

Svoronos-Asdrajás / Σβορώνος, Ν.Γ. (1978): *Επισκόπηση της Νεοελληνικής Ιστορίας.* Βιβλιογραφικός οδηγός Σπ. Ι. Ασδραχά. Θεμέλιο (β' έκδοση).

Syrigos A. y Dokos Th. (2021): *Atlas de las relaciones greco-turcas. Con 63 mapas, un glosario exhaustivo y los últimos avances claves.* Traducción al español Natalia Velasco. Revisión del texto Pedro Olalla. Kathimerini-Fundación María Tsakos. Atenas.

The books' journal, τχ. 137 (Δεκέμβριος 2022), "Γιατί οδηγηθήκαμε στη Μικρασιατική Καταστροφή".

Toynbee, A.J. (2003): *Το Δυτικό Ζήτημα μεταξύ Ελλάδας και Τουρκίας. Μια μελέτη επαφής πολιτισμών.* Μετάφραση-εισαγωγή Π. Παρτσος. University Studio Press (original: *The Western Question in Greece and Turkey. A study in the contact of civilization.* London, Bokbay, Sydney. 1922).

Tribuna / Tribuna Abierta de Estudios Hispano-Helenos, "80 años de la guerra civil-homenaje a E. Malefakis", n. Β' (2020) y "Revolución y Censura" n. Γ-Δ' (2021-2022 Edición electrónica Programa de Lengua y Cultura Hispanas, Universidad Abierta de Grecia.

Tsoucalas, C. (1970): *La Grèce de l'indépendance aux colonels*, Editions F. Maspéro, París.

Unamuno, M. de, (1922): "Lo que le ha sucedido a D. Ramón del Valle Inclán en su viaje a Méjico y el ejemplo de Mazzini con respecto a Italia". En *La Nación*, Buenos Aires, 19 de marzo de 1922.

Vacalópoulos / Βακαλόπουλος, Κ.Α. (2009): *Το μακεδονικό ζήτημα. Γέννηση, διαμόρφωση, εξέλιξη, λύση (1856-1913)*. Το Βήμα. Αθήνα.

Venezis I (2006): *El número 31328. El libro del cautiverio*. Traducción: Manuel González Rincón. Ed. Universidad de Sevilla.

Ventiris / Βεντήρης, Γ. (1931/1970): *Η Ελλάς του 1910-1920*. Πυρσός/Ίκαρος. Αθήνα.

Veremis Th. M. (2007): *Greeks and Turks in War and Peace*. Athens News.

Veremis / Βερέμης, Θ. (2022): *22 ερωτήσεις και απαντήσεις για το '22*. Μεταίχμιο. Αθήνα.

Veremis-Goulimi / Βερέμης, Θ. και Γουλιμή, Γ. (επιμ. 1989): *Ελευθέριος Βενιζέλος: Κοινωνία-Οικονομία-Πολιτική στην εποχή του*. Γνώση. Αθήνα.

Vivliorama / Εκδόσεις Βιβλιόραμα (1998/1999?). *Ιστορία της Ελλάδας του 20ού αιώνα. 1900-1922 Οι Απαρχές* (τ.Α΄/τ.Β΄). Αθήνα.

Yanoulopoulos / Γιανουλόπουλος, Γ.Ν. (2001): *"Η ευγενής μας τύφλωσις…". Εξωτερική πολιτική και "Εθνικά θέματα" από την ήττα του 1897 έως τη Μικρασιατική Καταστροφή*. Βιβλιόραμα (τρίτη έκδοση).

KB-8